Lea Baerens

NOTIZEN

Erotik

Lea Baerens, 1977 in West-Berlin geboren, wuchs zwischen Leinwand und Farben inmitten der damaligen Kreuzberger Künstlerszene, einer modernen Arztpraxis im Rheinland und freier Natur an der deutsch-luxemburgischen Grenze auf. Ihre ersten Buch-Illustrationen mit Bild und Schrift verfasste sie im Alter von gut vier Jahren, wenig später erste längere Briefe in Lautschrift. Heute umfasst ihr privates Werk Gedichte, Kurzgeschichten, einen mehrteiligen Roman, autobiografische Notizen, sowie Bilder, Skizzen, Fotografien und Mode-Design.

Als promovierte Kunstwissenschaftlerin und mit einem Master of Business Administration (MBA) publiziert Lea Baerens parallel zu ihrem privaten Werk im Geisteswissenschaftlichen und als Ko-Autorin einer medizinischen Universitäts-Forschungsgruppe. Längere USA-Aufenthalte seit der Jugend, darunter als Post-Graduate Fellow an der Harvard University, Cambridge, legten den Grundstein für ihr bilinguales – deutsch-englisches – Werk.

Lea Baerens lebt aktuell mit ihrem Partner in der Nähe von Frankfurt am Main. Ihr Sohn ist erwachsen. Partner und Sohn widmet Lea Baerens ihr gesamtes privates Werk in Wort & Schrift, Bild, Foto und Design.

Kontakt zur Autorin: dr.lea.baerens@web.de

Von Lea Baerens liegen in der Lyrik Serie BoD vor:

POEMS # Liebe.01 & Liebe.02 (9783751900416)
POEMS # Familie&Familiäres * kurz gedacht * last supper (9783751900430)
POEMS # aufgeschrieben * dialog(e) * der.die.da * gesagt_getan (9783751900447)

NOTIZEN # Erotik (9783751900386)
NOTIZEN # Du * Notizen (9783751900409)

KLEINE TEXTE # Die besten Geschichten schreibt das Leben (9783750495074)

Lea Baerens

NOTIZEN

Erotik

Books on Demand, Norderstedt

Bibliografische Information der Deutschen Nationalbibliothek: Die Deutsche Nationalbibliothek verzeichnet diese Publikation in der Deutschen Nationalbibliografie; detaillierte bibliografische Informationen sind im Internet über http://dnb.dnb.de abrufbar.

Originalausgabe
1. Auflage 2020
© 2020 Lea Baerens
Umschlag/Bildredaktion: © Lea Baerens
Umschlagabbildung: © Lea Baerens
Abbildung Umschlagrückseite: © Lea Baerens
Satz und Litho: © Lea Baerens
Porträtfoto: Foto Gregor, Köln
Herstellung & Verlag: BoD – Books on Demand, Norderstedt
Printed in Germany ISBN 9783751900386

Inhaltsverzeichnis

‚nichts Besonderes'

unter einem Bambusdach
                               hoch gewachsen
       links und rechts des Weges
die Blätter spenden Schatten
                           und Frische
  ___die Geräusche der Stadt ein wenig gedämpft

Deine Zeilen___Dich spüren___in Deinen Worten
___und weit über sie hinaus
in den Zwischenräumen ---
Freiräumen___frei lassen
das Gefühl
              'Im Gegenüber von Du und ich'
       hier und jetzt

weniger ist mehr
Weniger Worte___
       mehr Gefühl___Spüren - Spüren lassen
           Du mich - ich darf Dich schützen
    ich Dich – ja, ich möchte___Dir Geborgenheit
                     schenken
___unter meinen Schwingen, die Du mich
ausbreiten lässt für meine Himmels-Streifzüge
Heimgekehrt
      Für einen Augenblick
        Angekommen
          Bei Dir
             ___Dich halten___
sanft, mit meinem Federkleid
      ____bis Du mich in Deine Arme schließt und
    hältst___ohne dass die Welt es je erfahren
                    wird___
      Du und ich
doch 'was Besonderes ;-)

Schreiben

                                        Du___an mich
___ich___an Dich
Du___mir
                        ___ich Dir___

___schreiben_uns___wir____
                        Du___Dir_in mir___ich___mir_in Dir

Worte
_Töne
            eine Melodie
                        ___die erklingt
                                zwischen uns___schwingt
Dich___zu mir bringt

Du_bei Dir___ganz nah_ich___Dir
                                        im Takt der Musik
___das Summen des ewigen Raums_nah weit
fern_Du____mir
            _ein Ton
            sanft und hell____wie ein warmes Klirren
                        in Dir___ich
Vibrieren_wir_'Du und ich'

                ____Du: 'flieg!'
            ich: 'bin bei Dir!'____

Führen_Ver-

Deine Worte___
Hände_meine___in Deine_in Gedanken
___die sind frei
schreibst Du___mir
___'freilich_nur diese...'
sicher?___: ...nur diese
nicht doch: ...*nicht* nur diese?
___oder bittest_Du
mich?___:
‚Ver-Führ' mich nicht!
auch nicht___nur
___in Deinen (=meinen) Gedanken_'

meine Gedanken___frei
___wie ich
wenn Du mich fliegen lässt___
fern_ganz nah_bei Dir___ich

und so: ich___an Dich:_'Führ' Du mich
mit Deinen Gedanken___ganz frei'

Du

Du___Dich
___wach_geschlafen___glasklar im Traum
   ich ganz tief_weit weg___hier und jetzt___
              spüre_Dich___
___Deine Hand

sanft zwischen meinen Fingern
          ___wach im Schlaf
           Du___da
        Ich_bei Dir___hier
_jetzt_weit fort___träumend
   einschmiegen___Deinen Kopf___in meine
      Arme___an meine Brust
        Du___mich
    Deine Hand___mein Bauch___fest_zärtlich
         Halten_und führen
        ___Dich_zu verführen
Du___mich_

nimm' mich mit

Deine Hand_zärtlich___auf meinen Nacken
___unbemerkt_bei mir
ich___in Gedanken_versunken___bei Dir
___meine Finger_in Deine
meine Lippen___darauf_
Dich halten___geborgen_jetzt___hier bei
mir___Du mich
_das sanfte Spiel___meine Wange_in Deine Hand
Du_die andere___zur Hilfe
___an mein Gesicht
von Angesicht_zu Angesicht___Deine
Lippen_ganz nah
Dein Atem___auf meiner Haut_Dich spüren,
berühren
_meine Lippen_ich spiele___mit Deiner
Fingerkuppe_
fühle___Dein Vibrieren_lasse los___Dich frei_
___Deine Hand auf_meine Augen
sie zu schließen_
Du möchtest___schauen
_einen Augenblick für Dich___ich ganz Dein
Dein Daumen___fest auf meinem Mund
Deine Lippen darüber___mich halten
___zurück_ganz bei Dir
meine Hand___führen_die Lippen frei___die
Deinen zu verführen
mein Gesicht___fest in Deiner Hand_liebevoll:
,schütz' mich und flieg___Du___Dich
frei_und nimm' mich mit'

Dein

Im Schlaf___gewacht_Du über mich___
___im Traum_ich über Dich
meine Fingerkuppe___neugierig_an
Deinen Hals
_Dein Herzschlag___deutlich
meine Augen___Dich erkunden_im Schlaf
___die Decke weg_von Deiner Brust_vorsichtig
meine Hand___sanft davor_darauf_Dich
berühren___im Takt
Deines Atems, tief, ruhig
Deine Haut_entspannt von der Nacht
Einfach eingeschlafen_Du___hier bei
mir___mich zu halten
___dann ich Dich_
noch weiter_die Decke weg___jetzt für mich_Dich
berühren, betrachten im Dämmerlicht
_mein Atem___weit und tief_ich spüre
Dich
ein sanftes Kribbeln_auf der Haut_in mir drinnen
_zu___meine Augen___die Scheu
verloren___vergessen_Dein Schlaf___Du
unbemerkt_längst wach
Deine Hand___mich ganz nah___sanft auf meiner
Hüfte
Halten, inne_halten, festhalten_Du___mich
___mich fallen zu lassen_in Deiner
Umarmung_frei___ganz leicht
geborgen und sicher
___ich jetzt_hier bei Dir_Dich in mir___mich in
Dir_zu erkunden
___Du mich liebevoll führend_
neugierig___mich sanft berühren___
verführen_dem Takt Deines Atems zu folgen
Du_meine Finger_fest in Deine Hand_die andere
frei___mich zu entführen___hinzuführen_zu Dir
___Dein Handrücken_über meine Brust_meinen
Bauch___einfordern_mein Gefühl_meine
Sehnsucht
_Du_Dich spüren_
in meiner Bewegung_Dir antwortend_
zärtlich_bedacht, Dich zu schützen_
meine Hand_geführt_zu Deinen Lippen
___mich entdecken lassen
___Dich finden_im Begreifen Deiner Nähe

Dich küssen_vorsichtig_verspielt
Deine Hand auf meiner Wange___mich ganz nah
sanft eintauchen_in Deinen Rhythmus
Du___mich hervorlockend_aus meiner
Schüchternheit
___Dich selbst neu entdeckend_in meiner
Vorsicht_Verwunderung
ich darf Dich wirklich berühren___zärtlich
ertasten___Dein Zittern_Vibrieren
Eintauchen_in Deine Augen
Meine Hände durch Deine Haare, in Deinen
Nacken___Haut an Haut
___Dein Puls auf meinem Bauch
Du drehst mich___mein Rücken zu Dir_meine
Hände fest in Deiner, vor meiner Brust_Deine
freien Finger über meine Wirbel___Dein Atem in
meinem Haar, auf meiner Wange
Heben und Senken___mein Brustkorb in Deinem
Takt
Mich_ganz für Dich___ganz bei Dir
Du_die Decke um uns___Schutz_mich zu
berühren___behutsam_auch mit Dir selbst
Dein Gesicht ganz nah an meinem___jede
Regung des anderen spüren
___meine Finger in Deiner Hand_ein Spiel___Dich
führen_im mich Erkunden
Du_liebevoll zurückhaltend_gespannt
gibst meine Hände frei___greifst sie
wieder___langsam_unsicher_sie zu
führen___Dich zu berühren___Dein Daumen in
meiner Hand_fest
eingeschlossen in meine Finger_abwärts auf
meinen Bauch___ich drehe mich_zu Dir
___Deine Hand in meine_auf meine andere
drauf___führ' mich___
Du nimmst sie___hältst fest
_Deine Lippen auf meine
mich erahnen lassen_
und selbst spüren___Deine Geborgenheit bei
mir___behutsam Dich mir___zeigen___fallen
lassen in Deine Sehnsucht_nach meiner
Berührung_um
___mich in Deiner Bewegung mitzunehmen___
sanft zu entführen___für einen Augenblick aus
der Welt___mich öffnen___Dir___ganz Dein___in
Deiner Umarmung___Dich sanft
umschließen_aufnehmen

(ein-)geschlafen

             ___eingeschmiegt_in Deine

    Umarmung___Du_ganz nah___ich Dir

___Deine Hand_

  ihren Platz___zwischen meinen Beinen_nah

       bleiben

                 ___im Schlaf_

sanft entrückt___aus der Welt___Du

___ich bei Dir

     halten_mich fest___verträumt

          ___berühren_Deine Finger

   meine Haut___

      verhüllen___wo Du___unterm

        Stoff___meiner Kleidung

_eingeschlummert_Dein Atem___tief und

ruhig___

(vor-)lesen

_Du_

___neben_mir_

bäuchlings___ich_

___Deine Hand_auf meine Haut_

wo sie hervorblitzt___an der Taille_

___den Stoff_langsam___weg

immer___weiter_mich

_halten

bäuchlings___neben Dir

_Deine Stimme___sanft_und klar

Du erzählst_sprichst___Deine Gedanken___frei

_im Wechselspiel_mit___

Deinen Fingern auf meinem Rücken___die

Melodie___

Dein Atem der Rhythmus___

___während Du___die Stellen Deiner

Töne auf meiner Haut_ertastest___mit

dem Klang Deiner Stimme in

mir___spielst_mein Vibrieren___genießt

Deine Hand flach auf meinem Rücken

___mich meinen Atem, meine Erregung spüren

lassen_als Deine

____Lust_mich zu führen_in den Schwingungen

Deines Körpers___durch Deine Worte, sorgsam

gewählt, bedacht ausgesprochen_ganz nah an

meinem Ohr___das Klirren Deiner Stimme als

Vibration___auf meiner Wange

___Du hältst mich___sanft zurück_liegen

bleiben_los-___Dich ganz zu mir lassen___

_meine Hände___unter meinem Gesicht_fest in

Deine andere_nur___

Dein Daumen frei_meine Lippen zu berühren

_mit Druck darüber_meine Augen___zu___Dich

spüren

___,lies' weiter und mir vor'_Du_an mich

Dein Daumen noch immer auf meinen Lippen

Augen auf___die Worte seltsam verwandelt vor

mir, als stünden sie auf Notenpapier

Ich hole tief Luft, und setze an

Leise, aber klar, Deinen Atem weiter hören

Deine Finger weiter spüren, ganz deutlich, auf

meinem Rücken

meiner Taille, an meiner Seite, aller Stoff

_einfach weg

nach oben, meine Arme raus, Kopf durch

Du Dein Shirt, weg

Haut an Haut___vertraut, zärtlich

ich spreche_die Worte vor mir___und erzähle Dir

doch_von Deinen Lippen_auf meinem Rücken

Deinem Atem auf meinem Haar

Deinen Händen unter meinem Bauch, auf

meinem Busen, nach oben___über meinen Hals,

liebevoll über meine Wange

___auf meine Lippen_Deine Fingerkuppe_meine

Worte___zum Vibrieren bringen

mit Deiner anderen Hand_weiter Stoff weg

Deinen zuerst_dann meinen

mich einschmiegen

zwischen Deinen Beinen

unter einer dünnen Decke

___behutsam abwärts___Deine Finger_

über meine Hüfte___meinen Po_auf meine

Beine_streicheln, mich berühren, ganz für Dich

einfach ertasten, erkunden, die Bahnen auf

meiner Haut suchen___mich___ganz fest an Dich

dran

___das Buch_beiseite___mich zu Dir drehen_

Deine Augen_ruhig___und doch fragend

_meine Lippen, einfach auf Deine___'alles gut. Du

darfst___mit mir spielen. meine Lust erkunden,

mich

entführen___verführen___Dich_selbst_weiter___

erkunden___ausprobieren, fallen lassen___im

sanften Spiel.'

meine Hände, liebevoll über Dein Gesicht_mit den

Fingerkuppen über Dein Ohr___eine sanfte

Gänsehaut___auch ich spiele gerne ein wenig_

___Deine Hände_her damit___fest in meine

gehakt___Dich_ganz auf den Rücken drehen

Lippen, ganz nah___Dich mit ihnen von Deinen

Gedanken entführen___mit den Fingernägeln

sanft durch Deine Handinnenfläche___bis Du

loslässt

Deine Hände wieder frei___eine auf meinen Po,

wo Du Dich noch nicht traust, den Stoff einfach

zu beseitigen

Deine Finger wandern einfach darunter___

___Haut auf Haut

ich überlasse Dir die Regie, ganz

___und doch verführe ich Dich_Dein Vibrieren

selbst (auch) zu genießen

___Du gibst den Takt_behutsam vor

ich antworte_Dir, nehme auf, führe weiter___

in den sanften Bewegungen_meines

Körpers___Deine Hände___frei___zu erspüren,

wonach Du suchst___meine Hände fest auf
Deine Brust, Dein Herzschlag___im Takt mit
meinem
___Du drehst mich um, neben Dich_auf den
Rücken, Decke weg von mir, ich ganz frei
Deine Augen ‚darf ich?'
Ich schiebe mit Deiner Hand den letzten Stoff
nach unten_weg_auch Deinen
___Du schaust mich an, vorsichtig,
zurückhaltend_dann sicher, offen
_Deine Hände folgen_führen Deine Augen_und
umgekehrt
___nichts mehr dazwischen_wenn Du mich
streichelst___mich einschmiegst in Deine
Umarmung___vorsichtig_auch für Dich selbst
___Du noch immer halb unter der Decke
ich drehe mich zu Dir_lege meine Arme sanft um
Deinen Nacken, Dein Gesicht in meine Hände,
meine Augen ganz nah an Deine, Dich Halt finden
lassen
behutsam mein Bein um Deine Hüfte, Dich
schützen___ein kleiner Moment Ruhe, inne halten
___Geborgenheit_beieinander_miteinander_in der
vertrauten Umarmung_
___ein tiefer Atemzug___Deine Lippen suchen
nach meinen_Deine Hand zieht meine Hüfte noch
näher___was soeben noch Neugierde war, ist
jetzt reines Gefühl___Nähe, Vertrauen,
Geborgenheit, Wärme, sich fallen lassen und
sicher sein, beieinander_miteinander
___Du holst mich zu Dir unter die Decke___und
schließt mich ganz in Deine Arme___Haut an
Haut___jetzt ganz

unterwegs

_plötzlich____

____öffnet sich der Himmel

ein warmer Frühsommer_Regen_

___Tropfen_so groß_als seien es

riesige___Schneeflocken

_im Takt_zu Boden_als tanze___die Erde

Das Wasser_feucht und warm_die Melodie_

___Dein Herzschlag_längst im

Einklang___mit_dem feuchten Nass

_Dein Element_Du atmest es

_tief in Deinen Brustkorb___mit jedem Atemzug

die Augen geschlossen_ich sehe es___im

Augenwinkel___

_Deine Wange an meiner Schläfe_Du umfasst

mich mit Deinen Armen_Dein___

Bauch___an_meinem Rücken___

_wir_in einem Kreuzgang___der Duft des alten

Holzes_vermischt mit dem des___frischen,

wassergetränkten___Erdreichs_Bäume___Blüten

_Der Klang der Steine___im langen

Gang_Regen Echo_des KiesWegs_durch den

Innenhof_grün___ein Farbenspiel

Sommerblumen___frei_wild___

sorgsam arrangiert_verspielt___verträumt

der kleine Putte_

im Brunnen_heiter_vergnügt___Pfeil

und___Bogen_gezückt_gespannt_versteckt

___hinterm Rücken_unschuldig lockend___

vom Wasser zu kosten

_Tropfen_auf Deiner Hand____sanft in meinen

Nacken_Dein Atem in meinem Ohr

_mich fest an Dich___still zu halten___Du

in Deinem Element_mich zu_verführen

___Dein_Wasser___auf meinem

Rücken_abwärts_mit jedem___Deiner

Atemzüge_ich

die Luft___anhaltend_Kribbeln

___auf meiner Haut

Deine___Regen_nassen_Finger_über

meine Wange_meinen Nacken___in mein Shirt_

verspielt_meine Haut___benetzen

_die Erde_warm___Sommernebel_Schwaden

über dem Boden_

feuchtwarm___Wasserspritzer

vom überquellenden Becken___

____seine Füßchen_sonst trocken___nun

im Wasser_Deine Lippen

auf meiner Schläfe_im Takt Deines Atems

_meine Finger___in Deinen Pulloverärmel

unbemerkt von Dir_gefüllt___mit Regentropfen

einfach fließen lassen_entlang_

___der Innenseite Deines Unterarms

___bis in die Mulde_Deiner Armbeuge

Du___hältst inne_mich ganz fest___ein sanfter

tiefer Ton___Dein Vibrieren_wir___

alleine_mit dem Putten_Amor in Engelsgestalt

_(D)ein liebevoll verwunderter Blick___nein, er ist

aus Stein_regungslos___Du nicht

warm_Deine Hand_feucht_

mein Gesicht___benetzt_Deine Lippen_

von der feuchten Luft___auf meine

zärtlich bestimmt_mich einfangen_

für einen Augenblick___Dein Vibrieren_Dein Kuss

___sanft zittern_Deine Hände_Dein Atem___

_meine Finger___weiter vor___die Bahnen

auf Deiner Haut_

Dich spüren___fühlen_

das Himmelstor_

sich langsam schließend_öffnend

___Sonnenstrahlen_durch den Regen

ein Vogel_auf das Blattwerk___Blätter Regen

feinste Tröpfchen_tausendfach___über uns

ein sanfter Schauer___Dein Gesicht_Dein Haar

___mit meinen Fingerkuppen_das Wasser zu

Tropfen___sammeln_Salz___auf unserer Haut

_Dein Geruch_vertraut_rein___

Zittern_Vibrieren_auch ich

Du_meine Hand___zu Deinem Mund

_liebevoll_halten___mit Deinen Lippen_

meine Finger_Liebesbiss

___tief in meine Augen blickend

_Dein?_ich?___ja_ganz!

ein frischer Windhauch_

___die Wolkendecke___auf

_Du___meine Hand an Deine Seite

___mich___ganz nah_zu Dir

Dein Herz pocht_laut und kräftig_an meinem Ohr

___'führ' mich'_Deine Stimme___

weckt meinen Herzschlag_

mit meiner flachen Hand___Deinen

ertasten___Du nimmst_und führst sie___

zu Deinen Lippen_sanft in ihre Innenseite

___meine Augen_wandern mit___

Dein Blick_klar___tief_Wasser Tropfen_

auf Deinen Wangen___

Lächeln_auf Deinen Lippen_Dein
Brustkorb___
ein leichtes Beben_fest_
___Deine Hand meine umschließend
___ich führe Dich_durch das dichte Blattwerk
das Knistern der Steine_unter unseren Füßen___
tanzend_mit dem Echo___unserer Schritte
_im alten Gemäuer_rings um uns herum
___Plätschern_vom fließenden Wasser___
über den Rand_des Beckens
auf die Erde_unsere Erde
ich_Deine Hand___zu erkunden_
zu entdecken___Amors Flügel_
nur angezogen___ein kleines Geschirr_
wie das eines Pferdes___mit Bogen
und Pfeileköcher
___*im* Becken aber_
umspielt vom Wasser der Liebe_
dieses noch immer___vibrierend___
vom soeben_übergeschwappten Himmelsmeer
___Amor und Psyche in *wahrer* Gestalt_
sie_fest umschlossen___
___in seinen Armen
wie ich___hier und jetzt in Deinen
_er sie tragend_empor mit seinen Schwingen___
beflügelt von ihrer Liebe_
er___sie_und sich selbst___
___dem Irdisch_Vergänglichen zu_entführen
___gemeinsam aufzusteigen_in das Himmelsreich
der Unsterblichkeit_auf Erden
___der wirklichen Liebe
___Du_mich fest an Dich_
_Deine Finger_in meine
___unsere Hände_ineinander verwebt
wie die Federn in Amors Schwingen_
___ins Wasser___
___eintauchen_gemeinsam_ineinander___
___Deine andere Hand_flach auf meiner Brust
das Heben und Senken___Du kennst
meinen Rhythmus_meinen Takt_beginnst___
zu_spielen_liebevoll_bedacht
___gewiss_geborgen_
in meiner Liebe zu Dir_frei___
Deine Schwingen_mich zu tragen_
___empor_auf Erden_ins Himmelsreich_unseres
_im Wasser___zu des kleinen Putten Füßen
___erkennst___Du Dich
_in mir_mich_in Dir___
sanft_Deine Hand_über meinen Hals_

mein Gesicht zu Dir___in meinen Augen:
Deine Flügel der Liebe_des Lebens
___ich nehme___Deine Hand an die Luft_
das Wasser_durch unsere Finger_tropft_fließt
in unsere Kleidung
___meine Lippen_zärtlich auf Deine_
Dich entführen___fliegen lassen
in der leichten Spannung___Deiner Erregung_
glasklar die Geräusche___um uns
ein sanftes Beben in Dir_
mich ganz, ganz nah, fest_sicher___Dein
___allein Dein___hier_
unter freiem Himmel___geschützt_
fern von der *Welt*___
___dies allein unsere: wir
___in der Du frei bist_
und ich Dich mit meiner Liebe___
Deine Schwingen ausbreiten lasse_
Du sanft in mein Ohr flüsterst ‚flieg'___
...___ich also___fliege___
bis Du mich wieder___heimgekehrt,
angekommen bei Dir___entführst_einschmiegst
in Deine Arme___der Duft Deiner Haut
_meine Hände___Dich behutsam entkleiden
___unter der Decke, unser Himmelszelt
_Dein Königreich___überall dort___wo wir sind
___und Du_mit dem Luftzug Deiner Schwingen
___den Stoff von meiner Haut wehst
_mich mit Deiner Nähe, Wärme umschmeichelst
___einfängst im Klang Deiner Stimme
_Deine Hände___begehrend zu erkunden
_die Erlebnisse meines Streifzugs_durch die Lüfte
_eingefangen das Summen des ewigen Raums
___mitgebracht für Dich
___in jenen geheimen Orten meines Herzens, die
nur Du zu finden weißt
___liebevoll mich verführend
___Dich ganz zu mir zu lassen...
Dein Daumen_das Vibrieren meiner Lippen beim
Sprechen ertastend___Dein Atem tief und
klar___gespannte Ruhe in Deinem
Körper_lauschst Du
___meinen Deinen Worten
_meinem Deinem Herzen
___und plötzlich
hier und jetzt, unterwegs___
beginnst auch Du zu fliegen___
geborgen und geschützt von der Welt___
getragen von der Freiheit meiner Liebe zu Dir___

Klang Spiel

___Dein Atem_sanft über meinen Nacken
Deine Hand___flach auf meinem Rücken_
Du_seitlich___
___ich_bäuchlings_in Deiner Umarmung
mein Handrücken___auf Deiner Brust_
___Töne_sanft_hell_klar___
_Pianist___Streicher_Bläser___
___ein ganzes Orchester_im Takt,
den Schwingungen_von Noten_auf Papier
folgend
_notiert___in' Ekstase_
_im Flow_eines Klangs___
_nicht von dieser Welt___
___ertönend___im___Heben und Senken
des ewigen Raums_
_unseres Atems_getragen
___vom ewigen Pulsieren unserer Herzen___
_erklingend___durch Raum und Zeit___
einst | jetzt___weit weg | ganz nah___
wir auf ewig_
_ich bei Dir_Du bei mir___
_Deine Haut samtig weich___sanft erregt_
_gespannt___die Töne_
meine Finger___
___ein zärtliches Spiel
___Dich zu führen_zu verführen___
___Deine Sinne___
_dem Klang Deines Herzens___
_der Melodie_des Cembalospiels___
lauschend___
Deine Finger___Ton um Ton_auf meiner
Haut___liebevoll_zärtlich___die Fingerkuppen
federleicht gleitend | kräftig___den Ton
haltend_mein Vibrieren zu spüren
___abwärts___auf und ab_in der Mulde
meines Beckens_verspielt___
___mein Gesicht_längst eingeschmiegt___
an Deiner Brust___klirrend schwingend in Deiner
Erregung___dem Klang der Streicher folgend_
der Duft Deiner Haut___vertraut betörend_
meine Beine___Deine
Hand_dazwischen_benetzen___
helle Flötentöne_mich öffnen___seitlich zu Dir
_meine Finger___frei_über Deine Brust___
Deinen Bauch_sanft die Fingernägel
in Deine Haut_Bahnen_hinunter_

bis auf Deine Beine___
die Streicher zupfen_den Takt___
Deine Stimme___sanftes Vibrato_in Dur
___Deine Lippen meine___halten
loslassen_umschmeicheln___Dich führen_
zärtlich inne zu halten___mit Deiner
Berührung___die Spannung ganz aufzunehmen
_in Dir_getragen vom Allegro der Violinen___
_Deine Hände___zitternd vibrierend_als seien sie
___eine schwingende Saite___
über meinen Busen_ertastend___den Klang_
_meiner Wärme für Dich_erkundend_
___jedes Mal_neu_ein wenig___anders_
klarer_reiner_vertrauter___
___und Du_sicherer___wissender_freier___
zu lauschen_dem GleichKlang___
_unserer Herzen
___meine Finger in Deine_Du mich___führend
_federleicht___getragen vom ewigen Atem_
unserer Körper___einander umschmeichelnd_
_benetzen_verweben___ich Dich_
_aufnehmend_in mir___sanft geborgen___Deine
Scheu vergessen___Erregung_Freude_Lust___
___Vertrauen_Begehren_Beben___
Liebe___Ekstase___
Saiten___klirrend gezupft___Deine Augen
in meinen_suchend fragend_glücklich Antwort_
_findend___
Deine Hände meine___zärtlich haltend_wandern
lassen___ihren Platz_irgendwo auf uns
findend___die Haut feucht
_fest mich umschließend___ganz Dein_
in Deiner Umarmung_eingeschlummert___
_im GleichKlang unseres Atems
___ich_Deine geflüsterten Worte im Ohr
'Deine meine_meine Deine Schwingen'
___Du_meine Worte_sanft mit den
Fingerkuppen_
in Deiner Handinnenfläche
'In Liebe – Dein'
___mein Kopf_auf Deiner Brust___unter Deiner
Hand_sicher geborgen_Du___in Deiner
Suche_nach meiner Liebe___mich haltend_
_bei Dir___*frei*_ganz *Dein*

Der Duft von Grün

___ein sanfter Duft
weht uns entgegen___
Grün___das Grün von Blättern___Gräsern_
_in voller ‚Blüte'___
___mein Herz pocht_ein tiefer___weiter_
_Atemzug___Deine Hand fest in meine_
_Dich_mitnehmen___entführen___in den___
Geruch des Sommers_
_die Natur ganz erwacht___
dauer_wach
___des Tags_des Nachts___
___atmend___vibrierend___strömend___
durch jeden Winkel_der Welt___zwischen Himmel
und Erde___
durch___Dich_mich_uns___
_meine Füße___federleicht_auf und ab___
wie im Tanz_rhythmisch_
mein Spiel mit den Klängen___
des alten und ‚eingelaufenen' Steinbodens___
_meine Fußspitzen_sicher___auf die unberührten
Stellen___die Fugen überspringend_
_lachend_verwundert_heiter amüsiert_
betrachtest Du mich
___hältst meine Hand_fest___ganz sanft_
_ich fliege___jetzt bei Dir_und nehme Dich mit_
___in den Zauber meiner Welt___
meine Augen___strahlen_Dich liebevoll_
neckend_loszulassen___dem federleichten Tanz
meiner Füße zu vertrauen___stolpern tue ich nur_
auf eingetretenen Wegen
___Du aber_lässt mich frei___fliegen___
___bittest, Dich mit in die Lüfte empor zu heben
___schau_mich an___
meine Lippen_formen Worte_lautlos
___spielen_mit Deinen Augen___
den Boden unter uns___zu vergessen___
in der Luft___sind wir___*wir*
frei_schwerelos
___unser Atem___die Thermik
unser Herzschlag___der Aufwind___
_Deine Finger___eingehakt in meine___Du ziehst
mich zu Dir_
_setzt an___etwas zu sagen_
_wieder___und wieder_
bis ich vorsichtig___meine
Fingerkuppe_auf Deine Lippen lege

___das Summen der Luft___der Klang der
Ewigkeit_eine Steinempore___ich stelle mich
darauf___
___meine Augen direkt vor Deinen___
___*schließ' sie_ich halte Dich___hier bei mir*
___*sicher in der Luft*
___Deine Lippen suchen die meinen_wieder und
wieder___
___und plötzlich___holst Du tief Luft_
___Dein Brustraum öffnet sich_
___vibriert_schwingt_klingt_
ein sanftes Zittern___in Deinen Händen_
_Deinen Lippen___verspielt
___den Moment auskostend
___Deine Augen___endlich in die Weite des
ewigen Raums blickend___tief in meine
versunken___
___*weiter*!___
___dem Duft folgen___
___der das alte Gemäuer durchströmt___
als entspringe___von irgendwo___
eine unsichtbare Quelle___
___ich spiele___mit Deinen Sinnen___
kreiere immer neue___
andere___intensivere___Bilder___
mit Worten___kaum hörbar___einzeln___
im Takt___mit meinen Schritten___im Klang___
Deines AtemTons___Dich zu verführen___
die Welt_um uns_loszulassen___
einzutauchen___
in das Abenteuer___der NeuEntdeckung___
Grün_ein unendliches Grün___getränkt___
___vom Blau_dem unendlichen Blau_
des Meeres_auf Erden zu Wasser_
im Himmel zu Land___
___belebt___vom Licht_
dem unendlichen Licht_
unseres Lebens und Seins___
___nichts scheint_wie es ist___
___ist_wie es scheint___
ist allein__wie Du es *erkennst_spürst*
___meine Lippen___lautlose Worte___liebevoll___
zu Dir___an Dich
___Du bleibst stehen_
ziehst mich zu Dir_
blickst mich an_
___Deine Augen_feucht_
berührt_jetzt *sprechen* sie_
erklingen_die Worte auf Deinen Lippen

lautlos als voller Ton_bebend___

___durch Deinen Körper

ich höre sie, ohne dass Du sie je mit

Vokalen und Konsonanten___in eine Form

pressen musst___lass' sie einfach fliegen___

federleicht_wie mich___

___wenn der Klang Deines Herzens___

mich trägt___tanzend quer durch_

_Raum und Zeit___

über unbekanntes Terrain___

auf der einzig sicheren Reise meines Lebens___

dem Ruf meines Herzens folgend___

zu *sein*___die die ich bin

*Dich liebend*___frei_federleicht___

Dich tragend_schützend___

___mit meinem Federkleid___

___dessen einzelne Härchen_Du

anzuschlagen weißt___als seien es Saiten

einer Violine_wie nicht von dieser Welt_

hell klirrend___einen ewigen Ton rufend___

herbeizaubernd___vibrierend in mir___

meine Hände leitend___spielend___

Deine meine_meine Deine Melodie___

zärtlich_liebevoll_leidenschaftlich___

mit Buchstaben als Töne_

Worten als Klängen_

Gedanken als Tonart und Rhythmus_

Gefühlen als samtig weiche Melodie_

___zu Dir getragen_durch Raum und Zeit

___in Vers und Gedichtform

___voller Bilder

Grün_der Duft von Grün___

Sommergrün___a Midsummer Night's Dream___

___die Klänge unserer Schritte werden

___heller, weiter, transparenter

___mein Herzschlag_Du spürst | hörst ihn

___im Puls meines Atems

___klar, rein, freudig

___meine Finger_spielend auf | mit Deinen___

das Rauschen der Blätter im Sommerwind___

das Knistern der dauererwachten Natur___

___das Leuchten der Sterne in meinen Augen___

lodernde Fackeln_links und rechts des Weges

_Deine Finger___

im Takt Deines Herzens___

_Cembalo_gezupfte Töne_rein und klar___

frei_improvisiert_Du lauschst_Dir selbst___

_auf meiner Haut_sanft berührt_vibrierend___

Deine Melodie erklingend_notiert___

_im Flow_eines Klangs___nicht von dieser Welt

___Grün___Blau___Licht___

mitten im Sommer_bei Vollmond_

WasserPlätschern___gleich neben uns

der kleine Putte___Amor und Psyche

bei sternenklarem Himmel___

erklingt die ganze Symphonie___WasserSpiele

rings um uns herum___

glitzernd_funkelnd

im ewigen Licht

des unendlichen Raums

um | über | in uns

___durchmischt vom Duft des ewigen Grüns___

unsere(r) Atemluft___den Ton unseres Seins

summend___

___*ich*_..._..._*liebe*voll mit meinen Augen an

*Dich*___strahlend im Mondlicht_

mit meinen Lippen___benetzt von der Luft_

mit meinen Händen___feucht vom Wasser_

___Du zupfst ein Blatt vom Baum___

und reichst es mir

ein sattes, volles (Feigen)Grün ;-)...

wach geküsst

___ein Windhauch
zärtlich über mein Gesicht___
mich wach zu küssen___
aus meinen Träumen___verspielt_
die Augen geschlossen___
___Dich ganz nah zu holen
___mich tragen zu lassen_vom sanften
Wasserplätschern des Springbrunnens_
_durchzogen___von (unserem) WasserDuft___
___Deine Hände auf meiner Haut_
mich sanft zu entführen___
___Deine Arme_mich sanft___
___zu umschließen mit Deiner Wärme___
in Gedanken_Du jetzt hier bei mir___
ich_Dich___herbeisehnend_
_mit meinen Lippen___suchend nach Deinen
_mit meinen Fingern___suchend nach Deinen
die Luft_plötzlich___eigenwillig klar_frisch_rein
die Geräusche seltsam präsent___klirrend
___ein tiefer Atemzug___meine Hand_wie Du
gewöhnlich Deine___in meinem Nacken___
ich___mitten in der Welt___ganz für mich___
___Du___weit weg | ganz nah
mein Herzschlag_laut und deutlich___
der BleiStift_in meiner Hand___
Ton um Ton___auf dem Notenpapier vor mir___
F-Dur_4 | 4 Takt
der Halbton zum GanzTon erkoren___
b zu c_zu d zu e___
das Thema: Der Wind___
_hell und_transparent_
zärtlich über meine Haut_
_Deine Worte___
ein Lächeln auf meinen Lippen
Augen zu___auf___ein Wimpernschlag___
Du_'da'_hier bei mir___
ich hier_bei Dir
___ich___Dir in mir_nachspürend_
_Dich als Du begreifend_liebevoll_vorsichtig___
meine Sehnsucht nach Dir_
einen schützenden Schleier um uns legend_
_wir_dieser unglaubliche Zauber_
in Gedanken___Dich halten_behutsam
eingeschmiegt in meine Arme_
Dich entführen für Momente___aus der Welt

___ich: (mich) fallen_los___frei_lassen___
was in mir steckt_
___eine Welt_von ungeahnt gigantischem
Ausmaß___
___fantastisch_klirrend_leuchtend
voller transparenter kristallener Ideen___
___durch Deine meine | meine Deine Liebe_
_sich formend___
___Worte_Noten_Bilder___
___liebevoll von Dir wach geküsst_
_Du___Dir selbst_diesen Moment meiner
Unschuld schenkend___
___noch einmal (mit)erleben zu dürfen_
dieses erste Entdecken_
Fühlen_Spüren_Ertasten_Erkunden
___voller Neugierde_Verletzlichkeit_Zärtlichkeit
_Liebe_Vertrauen_
ineinander einzutauchen_
sich zu verlieren und zu finden_
Du mit mir | ich mit Dir | wir_Du und ich
___ein Augenblick Unendlichkeit_
eines Seins jenseits_
des beständigen Voranschreitens
von Raum und Zeit___
in der___über ein halbes Leben hinweg___
in mir bewahrten Unberührtheit_
meines Wesens,
meiner inneren Welt,
meiner Liebe___
___die Du nun in die Welt entführst_
_ich Dich___mich meiner Unschuld berauben
lasse___eingeschmiegt in Deine Umarmung_
_Dir mein erstes Erleben von Leidenschaft und
Ekstase_schenke___
___wieder_ein Windhauch_
direkt ins Gesicht_wachgerüttelt_
der Vorhang_wie eine schäumende Welle
mir entgegenwehend_gefolgt von einem kräftigen
Luftzug___
___als ströme die Luft an mir vorbei |
durch den ganzen Raum_kristallin___
___Du_mir in Gedanken vor Augen
ein sanftes Kribbeln_auf der Haut
___irgendwo eine Tür geöffnet?
___irgendwo?!_
___Deine Hand in meinem Nacken_
_unbemerkt___einfach da_Du
ich___ein tiefer weiter Atemzug
___vor Schreck vor Glück

___meine Wange an Deinen Arm
Augen wieder zu___Du beugst Dich
über mich_Deine Lippen auf meine, ehe ich
etwas sagen kann____
___streichelst vertraut_
_als seist Du nie weg gewesen
über mein Gesicht
meinen Hals
_das riesengroße übergeworfene helle Hemd
_von meiner Schulter_Deine Fingerkuppe
verspielt_unter den BH Träger___
blickst mich an___
lange_ruhig_ganz ankommen_
_Du hier_bei mir bei Dir_bei uns___
___der Wind_kräftig_BlütenStaub herein wirbelnd
___die Tür_laut in Schloss_Stille_nur Dein Atem
___Zug um Zug
Dein Herz pocht_ich spüre es
Du führst mich_vorsichtig___
mein Sitzplatz nun Deiner
___ich_auf Deine Beine seitlich
___meine Hände frei_über Deine Wange_
Deine Augen___meine Lippen liebevoll
an Dein Ohr___geflüstert vertraute Worte
___Deine Stirn_gegen meine Wange
_mich ganz nah___die HemdKnöpfe auf_
Deine Hand über meine Taille, meinen Bauch_
___einen Platz zu finden
_die andere frei_die Blätter auf dem Tisch_
_eins ums andere___Deine Augen hier und dort
___ein Detail studierend_Deine Finger
immer verspielter_auf meiner Haut
Dein Zeigefinger_Wasser
aus dem Glas
___auf meine Lippen
das leichte Vibrieren in meinem Bauch
ein ganzer Tropfen hinterher___
sanft weggeküsst_Deine Lippen auf meinen_
wieder und wieder_vertraut___und doch
näher_unmittelbarer
die Welt um uns vergessen_beginnst Du
zu erzählen_einfach mittendrin_in Deinen
Gedanken_Erlebnissen_Gefühlen_frei_
unbeschwert_spielst mit meinen Lippen_
lässt sie schwingen_bringst mich
zum Lachen_beißt zärtlich drauf_
hältst sie fest_lässt sie frei_sprichst_
horchst dem Ton Deiner Stimme nach_
öffnest Dein Hemd_legst meine Hand

auf Deine Brust_spielst mit Deinen Tonhöhen_
wohlwissend was das mit mir macht_
genießt die Neugierde_das Verlangen
in meinen Fingern_
und beginnst_mit den Buchstaben auf dem Blatt
vor uns zu spielen_
ich gebe mich geschlagen___sofort____
‚sch' und ‚dsch'
mein Herz rast_meine Hände zittern_
wach geküsst_Du_diese Zärtlichkeit | Weiblichkeit
in mir_einfach so_
Lächeln___freudig_erregt_neugierig
___noch ein bisschen schüchtern
was Dich amüsiert_reizt, mich liebevoll
herauszufordern___angenommen!
Du streichst mit Deiner Hand
meine Augen zu
_führst mich
quer durch den Raum
meine Arme aus dem Hemd
Deine Lippen an meinem Ohr___zu_lassen_
mich Dir ganz hingeben
mir stockt der Atem_ich spüre Dich_ganz
nah_deutlich___und lasse los_mich fallen_in die
Berührung Deiner Hände_Dein zärtliches
Erkunden meiner Erregung___
bis Du meine Hand nimmst_und mich
führst_entlang Deiner Brust_Deinem Bauch_über
Deine Beine___meine Neugierde weckend
sanft meine Augen öffnest_Dich
anzuschauen_dass Du eintauchen_
Dich bei mir fallen lassen kannst_ganz
___meine Finger_durch Dein Haar_über
Dein Gesicht_Deine Augen ganz nah_klar_tief
in meine blickend_Du vibrierst_hältst mich fest
_hakst Deine Finger in meine_drückst mein
Becken sachte nach unten, inne zu halten_
mein Brustkorb hebt und senkt sich
im Takt mit Deinem_
Du möchtest, dass ich Dich sanft
umschließe_regungslos___
sprichst leise, liebevoll
mit mir_dass ich Dir antworte_erzähle
was ich spüre_empfinde_
wenn Du Dich bewegst_
sagst mir, was Du möchtest
dass ich tue_gibst mich frei_ein wenig_
spielst mit meiner Lust_meiner Leidenschaft
für Dich_erkundest Dein Verlangen nach mir_

Deine Hände zittern_Deine Augen ruhig und
klar_Du nimmst die sanften Schwingungen
meines Beckens_auf_antwortest_führst
mich___in Deinen Takt_Deinen Rhythmus
mahnst mich_inne zu halten___
ganz bei Dir zu bleiben_
Deiner Spannung zu folgen_
fordest mit Deinen Händen
meine totale Hingabe ein___
___und erst als Du spürst_ich bin ganz Dein_
lässt Du los_Dich fallen_begehrst meine Ekstase_
treibst Dich mich | mich Dich zum totalen
Vibrieren___Deine Hand auf meinem Bauch_dort
wo Du bist__Du mich Dich | Dich mich ganz
spürst___liebevoll schützend_uns beide
und sinkst in meine Umarmung_glücklich
angekommen
___*wir*_wach geküsst___

AugenHöheLippen

{___ruhig | sanft ___ alle Zeit der Welt___}

___Dein Kopf ruht___sanft eingeschmiegt
___auf meinem Schoß_Du bist eingeschlafen
meine Hand fest in Deiner_auf Deiner Brust_
___Deine Augen lebhaft_unter Deinen
geschlossenen Lidern___im Traum_ein Lächeln
auf Deinen Lippen___Du_plötzlich ein tiefer
Atemzug___als wechsle die TonArt_
Noten um Noten_Seite um Seite_
___ViolinSchlüssel___Bass
im 4 | 4 Takt fliegen die Töne_spielen_
___mit dem *b* von F-Dur und D-Moll_
als wirbele der Wind_Meere von Blütenblättern
___im Takt___auf und ab_durch die Luft_
zu Boden fallend___abgefangen_nach oben
getragen___sich drehend_die Zeit scheinbar
angehalten_der Raum schwerelos
das sanfte Vibrieren Deiner Atemzüge___
eben noch ein weites *largo*___
___nun ein tiefes *larghetto*_fließend zu *allegretto*
die Blütenblätter___ein Zauberstreich der
Natur_samtig weich___als wollten sie gen
Himmel_statt zur Erde fallen
___Du drückst_zärtlich meine Hand___verträumt_
zwischen den Welten___mich ganz nah_spüren
___ein sanftes Kribbeln in meinen Fingern_die
Noten seltsam klar___notiert_A-Moll___C-Dur_
_übernimmt___Dein Daumen_in meine
Handinnenfläche___ich lege den BleiStift_
_zur Seite___schließe sanft Deine Augen_mit
meinen Fingern___beuge mich vor_meine
Lippen_im rechten Winkel_auf Deine___mein
Atem auf Deiner Wange___und umgekehrt
Du suchst mit Deinen Lippen___sofort_
nach meinen___nah unerreichbar | doch da_
ich spiele___liebevoll_mit Deinem WachWerden
___wechsle meine Hände___auf Deinen
Augen_nehme meine Beine unter Deinem
Kopf___weg_so auch das Buch_aus Deiner
Hand___meine Finger_in Deine___bis Du ruhig
atmest_und meine Lippen_noch in der
Luft_schon spürst_sanft empfängst___Deine
Augen_ganz entspannen_unter meiner
Hand___und_ich diese vorsichtig wegnehmen
kann___Du schaust_mich liebevoll an_Deine

Finger___verspielt in meinen Haaren_der
Wind___trägt Blütenblätter durchs offene Fenster
herein___Du fängst sie___aus der Luft_die Welt
vergessen___verträumt verspielt___
___ich lege mich___bäuchlings auf Dich_
dass Du mich___mit Deinem Atem
hebst und senkst_in Deinem Takt___Du
schiebst_verwundert_überrascht_über mein
Selbstvertrauen___ermunternd_Deine Hand auf
meine Wange___als schmiege sich ein Segeltuch
im Wellengang Deines Atems___schützend um
mich___das WasserElement_in mir_ist geweckt
___TiefBlau___wie meine Augen_der braune
Innenring___nur manchmal geerdet_jetzt aber_zu
Wasser_lasse ich los___lausche___dem
Rauschen der Wellen_enthülle___Deinen | meinen
Oberkörper_aus sommerlichen Stoffen___
berühre_ertaste___die Härchen
auf Deiner Haut_spiele
mit dem Wind___
lasse ihn_zwischen uns durch___
schütze Dich_decke Dich_mich ab___
puste sanft an Dein Ohr_Deinen Hals_über Deine
Brust___mal mit | mal gegen den Wind___
fange___Dein sanftes Zittern_auf Deiner
Haut_ein___führe es mit meinen Fingerkuppen_
_Fingernägeln_weiter___über_die Innenseite
Deiner Arme___bis_in Deine Hände_Finger___
___dass Du diese___federleicht_über meinen
Bauch_meine Brust_meinen Hals fliegen
lässt___als entfalte sich___ein weiteres
Segel_unter Deinen Händen_einfach von selbst
im Wind___ganz ohne Flattern___
___ich spüre___mit meinen Augen jeder Deiner
Bewegungen_nach___erkunde___Dich_neugierig
___entlocke_Dich_ganz aus Deiner Kleidung |
meine_gleich mit über Bord
___schiebe das große weiße TagesLaken_
behutsam zur Seite___als tanze
der Wind_auf hoher See_mit | um uns
___und lege Deine Hand___vorsichtig unter den
geknüllten Stoff___:Du_diese_einfach_da
_lassen!___als gleite sie im Wasser___neben
uns___Deine andere_in meine___weiter zu
meinen_Lippen___zärtlich Deine Finger
umspielen___und Deine Aufmerksamkeit_
ganz___in diese locken_langsam___Dein inneres
Vibrieren_in ein sanftes___
___Muskelspiel in Deinen FingerGliedern

_verwandeln___als ließen sie den Wind
mich sanft umwehen_mich zu verführen
___seinen Schwingungen___intuitiv_zu
folgen___dass er mich_emporhebt_direkt_in
das ebenmäßig gewölbte GroßSegel___
___ich berühre mit meiner Zunge_Deine
Daumenkuppe___reize_verführe Dich_
_mich Dein Verlangen___spüren zu lassen
_Du_selbst tauchst sanft___immer weiter_
ein_in Dein Vibrieren bis Deine Finger___
_mich einfach führen___als verwebten sich___
unsere Körper im Tanz_Tonfolgen___schwingen
heiter leicht_sanft empor___umspielen das
b_fordern das f ein_laufen abwärts___ganz nach
oben___erkunden das Klangspektrum___
Dein Körper_ruht gespannt___unter mir_Du
___empfängst_beantwortest_zärtlich jede meiner
Regungen_Berührungen___vertraust
Dich mir an___spannst Deine Finger_auf |
mich zu halten___während Deine Augen
suchen_in der Unendlichkeit des
WeltenMeeres_in | über | unter | um
uns_versinken___
Du nimmst_den Takt an Dich___liebevoll_
_vorsichtig_zaghaft___suchst die Töne allein mit
Deinen Fingern_auf | zwischen meinen Lippen___
___ich drehe___Dich behutsam auf Deinen
Bauch___meine Hand sicher in Deiner___denn
Du steuerst_segelst___bestimmst die Tonart_
_die Betonung im Takt_den Tanz_ich folge___
schütze Dich liebevoll_auf Deiner
Entdeckungsreise___spiele mit meinen Fingern_
in Deinem Haar_streichle über Deine Wange_
Deinen Nacken___bis Du___Deine Augen
schließt___und Dich fallen | Du los lässt_
Dein Brustkorb bebt unter meinen
Berührungen_vor Spannung |
Erleichterung___volle Fahrt voraus___
Du___hakst meine Finger in Deine_
nimmst Deine Lippen hinzu_
führst mich___im Dich Verführen___
___ich folge_zärtlich_neckend___Deinem
bestimmten Biss in meine Finger mit meinem
Handrücken___behutsam bis zu Deinem
Becken___an der Außen- | Innenseite Deiner
Oberschenkel_entlang___wechsle_
drehe um___innen_nun_mit meinem
HandInneren_trage sanft Deine Wellen
weiter___und schmiege mich_

_seitlich der Länge nach an Dich___Dur_C-Dur
kündigt sich an_b zu h zu c_hell | klar | rein
___Deine Augen wieder offen
___meine Nase gegen Deine_
_erkenne ich_den leicht feuchten Schleier_
in Deinem Blick_Du_unsicher?___über die
Intensität_meine Liebe_mit der ich Dich
Dich spüren_Dich Dich erleben lasse?
weil ich Dir jenes Ankommen_in der Welt_bei
vollen Segeln_unter strahlend blauem |
sternenklarem Himmel___diesen ersten ewigen |
ewiglich ersten Zauber schenke...?
___ich_lege_schützend_meine Lippen_meine
Finger___über Dein Gesicht_Deine Stirn_
_Deinen Kopf___DU_lass Deine Gedanken
los_frei_Dich ganz fallen lassen___na los!___
mit meinen Beinen_Deine umschmeichelnd___
drehe ich Dich liebevoll auf Deine Seite___
___halte inne_Du betrachtest___mich | Dich_
im Dämmerlicht_lehnst Dich leicht gegen
die Kissen über uns___ziehst mich_über
Dich___Deine Hände fließen verspielt_als
entdeckten sie vertraute Töne_im
aufschäumenden Fahrwasser___von Dir zu mir |
mir zu Dir___Du gibst meine Hände frei___dass
ich den hellen, klirrenden Tönen in mir folge
___hörbar nur für Dich mich | mich Dich
___ich umschmeichle sanft Deine Erregung
___Du___nun Herr über die Winde___schickst
mich ins Wasser___auf offener See___
___drehst mich_
_behutsam bestimmt___
in Deine Umarmung___nimmst meine
Hände___über_meinem Kopf in
Deine_Hand___ziehst___mit Deinen
Fingern_sanft benetzt von Deinen
Lippen___zärtlich_feste Bahnen_über meine
Haut___bis ich Dir sage_was ich möchte___
___und ich Dich führe | mich zu verführen_
Du willst_mich ganz_erobern___mit allen
Deinen Sinnen___die sonst sanft ummantelt sind_
von Deinen Gedanken___in denen Du_Dir immer
selbst vorauseilst___
___bei voller Fahrt___schneller als der Wind___
über das Wasser gleitest_dessen kühles, frisches
Nass_Dir nun_mit mir in Deinem Arm
___in tausendfachen Tröpfchen_
entgegenweht___Dich sanft benetzt
_Dich Deines Urelements in Dir erinnert___

___richtige Tränen treten in Deine Augen_
die Du verbergen | zeigen möchtest
unsicher_und doch vertrauend___
legst Du Deine Stirn auf meine___dass
Deine | meine Träne___rübergleitet_bis auf meine
Lippe_
wo Du sie liebevoll wegküsst_lächelst___
der Knoten in Deiner Brust platzt___
mit einem tiefen, weiten Atemzug___Du setzt die
Segel neu___sich noch weiter aufzublähen_
___und lässt meine Hände frei___mehr noch
legst sie_ruhig und sicher_auf Deine Brust
küsst mich___sprichst_lächelst___verträumt
verspielt_lachst Du über die nächste Träne_vor
Freude_Wasser ist Wasser___Deine Gedanken
endlich frei_führst Du mich auf Dich___
___Augen zu Augen___Lippen zu Lippen
___Du legst Deine Hand auf meine Hüfte___und
nimmst mich sanft auf_in Dein Gleiten___im Wind
zu Wasser | zu Wasser im Wind___
in diesem Moment begreifst Du___Deine
Unschuld_sanft umschlossen von meiner___das
Spiel der Elemente___der Wind_das Segel_
Liebesspuren auf Deiner | meiner Haut___
richtest Du Dich zu mir auf___und hältst mich_
fest umschlossen_in Deinen Armen_
vor Deinem Oberkörper_mit Deinen Beinen_
___und ich halte Dich, mich zu
halten_loszulassen_in mir aufzugehen_mich zum
Vibrieren zu bringen___Du findest Deine Stimme
wieder_voll_klar_schlägst die Saiten in mir
an_möchtest, dass ich selbiges mit Dir
tue_möchtest hören_was Du
siehst_spürst_fühlst_bittest liebevoll_dass ich
unsere Worte befreie_für Dich_für mich_für
uns_aus Deinen Gedanken_leise_zärtlich_sanft_
im Moment der totalen Ekstase_des Zerberstens
ineinander_aller Sinne beraubt_zitternd_*ich liebe*
*Dich_hab keine Angst_ich (dann) auch nicht_*ich
mit meinen Lippen_an Dich_für Dich_zu Dir___bis
Du mit Deinen Lippen___meine Deine | Deine
meine Worte sanft umspielst_und Du mich
haltend in meine Arme sinkst___Augen zu
Augen___Lippen zu Lippen_{___gehaucht,
geflüstert___}_*ich liebe Dich!*

Authentizität

die alte, breite Sitzbank
im rechten Winkel zum Klavier
ich liege rücklings darauf
mein Blick nach oben
wo das große Mobile von Calder
mit dem Luftzug von draußen ‚spielt'
es gewittert_Blitz und Donner im Wechsel
oder sich überlagernd
wie die Elemente einer Fuge
Hagel prasselt auf's Dach
das Fenstersims_den Steinboden draußen
heftige RegenGüsse folgen
die Natur tobt
ihre Elemente mal im Einklang mit- |
mal im Widerspruch zueinander
irgendwann färbt sich der Himmel feuerrot
als lodere ein Feuer in seinem Innersten
mein Herz pocht
ich lausche mit all' meinen Sinnen
dem Pulsschlag des ewigen Raums
jeder meiner Atemzüge tief und weit
die Zeit scheint angehalten
Sekunden wie Ewigkeiten
die zur Erde stürzenden Wassermassen
werden zu fliegenden Tropfen
vor meinen Augen
ich spüre das Vibrieren der Luft
krempel meine Ärmel nach oben,
um alles noch direkter zu erleben
nach und nach dringt der Duft des Wassers
durch die Fensterrahmen
und trägt den Geruch
der regennassen Bäume mit herein
deren Äste im Wind
harmonisch schwingen
wie Violinen_und Bratschen im Dialog
dann aber plötzlich gegeneinander peitschen
als laut gezupfter Kontrabass
ich schließe meine Augen
und lasse mich fallen
lege meine Hand unter meinen Po
das alte Holz der Sitzbank schwingt längst
im Ton des ewigen Raums mit
ich liebe dieses Kribbeln in meinen Fingern
das nun langsam meinen Körper durchströmt
bis in meine andere Hand

die sanft auf meinem Bauch ruht
dort, wo die Töne der Natur
ihren Klangraum entfalten
die lichten Blitze dringen immer wieder
durch meine geschlossenen Augenlider
zaubern ein Farbspektakel
wie nicht von dieser Welt in mir hervor
der Donner grollt dazwischen
in immer klirrenderen Tonlagen

ich liebe es,
wenn die Natur ihre Elemente
auf die Bühne
zur Aufführung ruft
und alle anderen Töne dieser Welt
für einen Augenblick verstummen
als wasche sie meine Sinne
wieder ganz rein
ich öffne meine Augen
die schwarzen Mobile-Elemente
schwingen rhythmisch über mir
erinnern mich daran,
wie Du Deine Finger
über die Tasten des Klaviers gleiten lässt
frei_improvisiert_ich schaue
Dich gerne an dabei,
eingekuschelt in meinen Sessel
vorm Bücherregal
manchmal vergisst Du
dass ich da bin,
und spielst Dich aus der | in die Welt
wie ich gerade
die UrElemente der Natur
mich durchströmen lasse
mich zu entführen aus der Welt,
dass ich erst ankomme in ihr
ich lege meine Finger auf meine Lippen
Dein liebevolles Spiel mit ihnen erinnernd
und schließe meine Augen wieder
mein Herz pocht
DU so klar ‚vor' mir | ‚bei' mir
in diesem meinem Moment...
habe ich nicht erahnt
und muss lächeln
schicke dem lieben Gott
ein liebevolles ‚danke' nach oben
für seinen SintflutRegen
öffne meine Augen
und purzel vor Schreck
fast von der Sitzbank

auf der ich eigentlich sicher liege
Du blickst mich zärtlich amüsiert
von oben an
wie lange Du das wohl schon tust?
egal_jetzt bist du da
pladdernass vom Regen
fährst Du mit Deinem Finger
über meine Wange, meinen Hals
beugst Dich zu meinen Lippen
küsst mich
eine sanfte Erregung
durchfährt meinen Körper
wie ich sie noch nie erlebt habe
ich greife mit meinen Fingern in Deine
richte mich auf
und nehme Dich mit
durch jene wunderschöne alte Holztür
nach der Du zuletzt plötzlich gefragt hast
die sich knarrend öffnet
und Du staunst
ein großer, weiter Raum
lichtdurchflutet und doch geschützt
mitten drinnen_innen in der Natur
auf der einen Seite, hohe ZimmerPflanzen
bis unters Glasdach
ein warmer, weicher, alter Eichenboden
auf der anderen Seite, ein Himmelbett
mehr ein SegelBett
Du lächelst: ein Segeltuch als HimmelsStoff
auf dem Weg dahin,
ein Arbeitstisch,
zwei große Sessel,
hüfthohe Regale
die große Glasfront zum Garten
lässt sich auf Knopfdruck stufenweise
verdunkeln_was ich tue,
ehe ich Dich
Du noch ganz beim Erkunden des Raums
Lage um Lage
aus Deinen nassen Klamotten entblättere
was Du dann doch
vor dem letzten Kleidungsstück bemerkst
kurzerhand das Spiel umdrehst
nämlich mich einfach ausziehst
und dabei immer wieder
mit Deiner regennassen Haut
mir einen sanften Schauer
über den Körper jagst
nur noch König und Dame da

eng verwoben
auf dem Spielbrett, übernimmst Du
und schmiegst mich unter der Sommerdecke
fest in Deine Arme
Dein | mein Herz pocht _vertraut
der Duft Deiner Haut elektrisiert meine Sinne_ich
möchte Dich spüren_lasse meine Hände liebevoll
über Deine Brust und Deinen Bauch in Deine
Leisten gleiten_Du greifst meine Finger_und legst
sie zwischen Deine Beine_führst mich Dich zu
berühren_schließt Dich zwischen meinen | Deinen
Fingern ein_Deine Augen sanft in meinen
ruhend_dass ich behutsam bei Dir ankomme
ein Atemzug_ein Wimpernschlag
Du löst Deine Finger, und führst
meine Hand unter Deiner_behutsam
zwischen meine Beine_schiebst
auf dem Weg die Decke über uns weg
freie Sicht für uns, unterm HimmelsZelt
mit Deinen 10 Fingern umspielst Du
alle meine Lippen
mit der einen Hand die einen
mit der anderen die anderen
beide samtig weich_einfach nur Haut
etwas zu Deiner Verwunderung
im ersten Moment... im zweiten
küsst Du mich_zärtlich verspielt
neugierig_bebst vor Erregung
beißt mich liebevoll
hakst meine Hände
unter meinem Rücken ein
blickst mich fragend an_Du darfst
_mich mit Deinen Lippen
erkunden_mal hinter Deinen
Händen her_mal ihnen
voraus_mal im Alleingang
zwischendrinnen_mich ganz
bedeckend mit Deinem Körper
dass ich Deine Erregung spüre
Dir sanft antworte mit meinen Bewegungen
ehe Du schützend
Deine Hand zwischen meine Beine legst
Deine Lippen auf Deinen Fingern
diese langsam öffnest
dass ich Deinen Atem, Deine Wärme
spüre_und auch_eine erste
zaghafte Lippen zu Lippen Berührung
ich suche mit meiner Hand
in Deiner anderen nach Halt

und kaum sind unsere Finger
ineinander gehakt
öffne ich meine Schenkel
Du hältst | liebkost | küsst mich
unsere Finger gleiten umeinander
Du fragst mich mit ihnen
ehe Deine Lippen mit meinen Lippen
spielen_ich antworte Dir
bis wohin_wie weit… wie weiter
ich spüre wie mein Vertrauen
Dein Vertrauen wird
Du legst Dich seitlich auf mich
und schließt mein Gesicht in Deine Hände
Dein Körper vibriert_Deine Finger
Deine Lippen zittern
Du suchst nach meinem Kuss
spielst mit Deinem Daumen
mit meinen Lippen
und meiner Zunge
dieses Gefühl zugelassen
habe ich noch nie
das spürst Du
und ich sage es Dir
Du lächelst_berührt_liebevoll
versinkst in meinen Augen
genießt diesen Moment_Ruhe
in totaler Erregung
und tiefster Vertrautheit
stupst mit Deiner Nase gegen meine
suchst mit Deinen Lippen nach meinen
der Regen draußen wird wieder stärker, lässt eine
eigenwillige Geborgenheit, Abgeschiedenheit von
der Welt für uns entstehen
Du schlägst die Decke wieder leicht über uns
ich hake Dein oberes Bein fest zwischen meine
Beine_und genieße Deine Erregung
spiele mit meiner Hüfte damit_Haut an Haut
erkunde wie weit ich Dich so
Deiner Sinne berauben kann
Du hältst mich immer wieder fest
ganz still zu sein
was mich nur noch mehr reizt
und Dich dann auch
Du Dich öffnest
und mich auf meine Seite drehst
mit meinem Rücken an Deinen Bauch
eine Hand unter meiner Seite durch, meine
Hände fest darin, die andere frei, mich sanft zu
führen, zu halten_Du spielst liebevoll

leidenschaftlich mit Deiner | meiner
Erregung_legst Dich sanft zwischen meine
Schenkel, berührst mich, entziehst Dich
hältst inne_möchtest wissen
ob Du mich so ganz in Deine Arme schließen
darfst_ich nicke, flüstere ‚ja'
und nehme Deine freie Hand fest in meine
führe sie zwischen meine Beine,
lasse Deine Finger über meine Lippen gleiten
möchte, dass Du Deiner Vorsicht, Deiner
Zärtlichkeit mit mir selbst vertraust
möchte, dass Du spüren kannst
wie Du sanft in mich gleitest
Dein Körper bebt
Du beißt mir versehentlich leicht in die Schulter
Deine Finger unter mir umschließen meine
'warte, langsam'_ich öffne mich ganz
und lasse Dich das Tempo bestimmen
ich spüre Dich so klar,
dass Du mich einfach mitnimmst
in Deinen Wellen,
Deinen Schwingungen
in die Du Dich
nach und nach einfach fallen,
von denen Du Dich tragen lässt
gleitend in mir_über mich
bis Du mich wieder zu Dir drehst
fast zerberstend in Deiner Erregung
mich aber zuerst ganz nah, anschauen
dann Deine | meine Ekstase in
Deinen | meinen Augen sehen möchtest
Du | ich | wir
wir beben immer wieder nach
Du legst Deine Hände um unsere Gesichter
als wolltest Du diesen Moment
für die Ewigkeit festhalten
eingekuschelt schlafen wir aneinander
geschmiegt einfach ein
der Himmel hat sich gelichtet
das WasserPlätschern von draußen
dringt immer wieder herein
irgendwann wieder wach
streichelst Du mich zärtlich aus meinem
HalbSchlaf_und beginnst zu erzählen_quer
durcheinander_und doch geordnet_eben ganz in
Deiner Logik_innerhalb Deiner Welt_ich höre Dir
zu, dem was Du sagst, dem was zwischen
Deinen Worten erklingt, frage, antworte Dir
erzähle selbst_lausche wieder Dir

möchte mehr wissen_währenddessen
darf ich Dich ganz vorsichtig, langsam
streicheln_Deinen Körper in totaler Ruhe,
fast Erschöpfung von der Ekstase berühren,
erkunden, lieben
Du schiebst Deine Hand in meinen Nacken
und ziehst mich ganz nah zu Dir
jetzt möchtest Du wissen,
was ich da vorhin
auf der Klavierbank wirklich gemacht habe
und bist über meine leichte Verlegenheit
liebevoll amüsiert_vorsichtig beginne ich
Dir von meinen Sinneswahrnehmungen
der Geräusche, Klänge, Gerüche,
der Materialien, Bewegungen,
der Lichtverhältnisse, diesem Zauber
der freien Assoziationen, immer ganz präsent
was *außen*, was *innen* ist,
und vielem mehr zu erzählen
Du blickst Dich um
und betrachtest die Struktur
den Rhymthmus hier im Raum
die Farben, Formen, Materialien
das helle Segeltuch als einzigen
Lichtschutz unterm Glasdach
ob schon einmal jemand hier war?
‚nein_hat keiner vor Dir die Tür entdeckt'
Du schaust mich verwundert und glücklich an
'ja, Du darfst jederzeit einfach herkommen
nun: mein Dein | Dein mein Raum
mitten in der Welt die Welt außen vor'
Du lachst über mein Spiel mit ‚WortBildern'
wohlwissend, diesen Raum_den der Sprache
öffnest Du überhaupt erst ganz in mir
womit Deine Hand vorsichtig
zwischen meine Beine gleitet
'und diese Lichtung?'
'eher Freiheit_Authentizität
ganz für mich | Dich...
die Welt (has no idea) außen vor ;-)...'

hierher

Der längste Tag des Jahres
kündigt sich an
die Nächte kurz_kürzer
draußen_inzwischen alles
zu vollem Leben erwacht___
Bäume und Pflanzen_in voller Blüte
die Tiere seltsam verspielt und zutraulich
___liebestoll
unbeirrt vom tagelangen Regen
der mit einem WetterSpektakel
einer Symphonie gleich
die Welt langsam zärtlich wach küsst
___sie rein wäscht
von Staub und Lärm_übereilten Tempi

mitten in der Nacht
den wenigen dunklen Stunden_
schmiegst Du mich
_in Deine Arme
___zärtlich, sanft
Deine Hände immer neue Stellen
unter meinen Armen,
zwischen meinen Beinen,
auf meinem Bauch,
meinem Rücken,
in meinem Gesicht suchend
Dich selbst zu halten,
mit meiner Wärme
während Dein Herzschlag
Nacht um Nacht
heller, unruhiger wird
Du oft meine Hand
zärtlich auf Deine Brust legst
mir Deinen Aufbruch anzukündigen
freudig erregt_Deine Gedanken
Dir vorauseilend
spüre ich Deine Anspannung
streichle sanft mit meinen Fingern
über Deine Brust_im Takt Deines Herzens
das die unendlichen Weiten___Deines Brustkorbs
___vibrieren lässt
als wärst Du soeben
___in den Sattel gestiegen
___gespannt entspannt im Einklang mit Pferd
Euer beider Verlangen nach freiem Galopp___
___zärtlich nachzugeben

___Deine Lippen ruhen auf meiner Stirn
Dein Atem bläst durch mein Haar
Du suchst mit Deinen Zehen verträumt
___nach meinen Füßen
möchtest überall andocken_spüren
___mich Dich spüren lassen
hin- und hergerissen zwischen
Aufbruch___und
___noch innehalten

___eine Tür knallt_lässt das Gemäuer
um uns erzittern___der Wind
hat gedreht_die große Uhr
___schlägt zur vollen Stunde_
...vier_fünf_
___Deine Hände gleiten über Dich_mich_
meine Finger fest in Deine gehakt___
blickst Du mich an___
küsst mich_zärtlich___verspielt
,ich muss los'

___das frische Nass_der MorgenDusche_
perlt über Deine Haut___
ich ziehe Bahnen über Deinen Rücken_necke
Dich___reiche Dir Deine etwas
verstreuten Anziehsachen
der Geruch von Deinen Lederstiefeln___
___die Tür fällt ins Schloss...

...___

___Du blickst mich erschrocken an
_setzt an etwas zu sagen
aber Deine Stimme versagt___
ich lege meine Finger___auf Deine Lippen_
___Deine Hände umspielen meine Ohren
___meine Haare_meine Stirn
___Du umrundest meine Augen
als wolltest Du___meine Gedanken
dahinter_gerne hören, sehen, fühlen___
doch Du bist_zu aufgewühlt___
Dir oder mir zu'zuhören'___
___Du hast Dich selbst_
ein wenig schachmatt gesetzt___
_Deine Lippen berühren_halten meine___
___die Spuren auf Deiner Haut
___längst bemerkt
___ich fahre sie sanft nach
___Dein Herz rast

Dein Atem beruhigt sich
Du suchst___mit Deinen Lippen_nach
meinen___vertraut_erschrocken_
anders_neu_bewusster
die Versuchung___groß
_den Reiz der Sinne auszukosten___zu spielen
etwas aber hat Dich___plötzlich
___aufgeweckt_hinschauen lassen_
auf Dich___mittendrin___kurz davor
___nun: zurückkehren_Du_zu Dir | mir | uns
___Deine Hände___zitternd über meine Haut
meine Erregung___verwundert_
_überrascht Dich
'darf ich?'___
___ich nehme Deine Hand_
___führe sie___von mir_zu Dir_
___Du schmiegst Dich_
in meinen Schoß_vorsichtig_langsam___
_Deine Augen tief in meine versunken___
___Deine Nasenspitze verspielt auf meiner
___'it doesn't work without love for me'
___Deine Stimme wiedergefunden
___ich nicke 'ich weiß...'
___Du lässt los, Dich fallen_
_mich zurückzuerobern
___verspielt___*auf* meinen Bauch_
außen sein wo Du sonst innen bist
Du führst meine Hand Dich zu berühren
durch meine Finger zu gleiten
____Deine Bewegungen___mit
meinem Becken aufzunehmen___
meine Hand Dich fest umschmeichelnd___
Du blickst Dich | mich | uns an
wir_ganz nah_in Deiner Suche
nach Deiner meiner |
meiner Deiner | unserer Ekstase

eingeschlafen_aufgewacht_
weitergeschlafen_früh wieder wach___
___der Rhythmus der Natur noch Deiner
Sommersonnenwende_mid summer night
in ein Laken gehüllt___
_sitzt Du an meinem Schreibtisch
das Mondlicht hell und warm_
_vorsichtig__neugierig___gebannt
durchstöberst Du meine Notizen
_ziehst Zettel hervor_schiebst sie zurück
___ganz raus_sortierst sie_für Dich_
_meine Ordnung immer mehr vergessen___

___das PapierRascheln_mich geweckt_
ich_meine Arme um meine Beine
___schaue Dich an_Dir zu_
hin- und hergerissen_Dich zu lassen_
mich Dir bemerkbar zu machen___
warte ich_ab___meine Augen zärtlich
über Deine nackte Haut im Mondlicht___
___Du siehst_entdeckst_mehr als geahnt
___blickst mich an_überrascht___
verlegen_fragend___durcheinander_
_selbst aufgewühlt_meiner Liebe zu Dir folgend_
___in das andere Laken gehüllt zu Dir___
Du ziehst mich auf Deinen Schoß
_legst meinen Arm um Dich___
Deine Stirn an meinen Hals_Schutz suchend_
ich schmiege Deinen Kopf ein___halte Dich_
meine Augen überfliegen die Blätter_
jene an Dich___jene nicht für Dich_
und begreife___es ist an der Zeit_
Dir zu erzählen_von dem Zauber_
den Du mir verleihst_
die Welt wiederum zu verzaubern_
mit Gedichten und Geschichten_
___ganz selten auch_mit einem dieser Funken
wie aufblitzende Sterne am Himmel
wenn wir_für einen Augenblick ganz ruhig___
schauen_den Atem anhalten___den Puls des
ewigen Raums in uns aufnehmen_
wenn ich *Im Schiff* mich dann tragen lasse
von den Orgelklängen___ja, da ist jemand,
der mich_immer mal wieder_berührt___
___ich fahre mit meinen Fingern
durch Deine Haare_die Ansätze umspielend_
lausche Deinem Atem___schnell_
_langsam_tief_flach_in Deinem Takt___
___'nein, hier des Nachts war er nicht_auch
nicht_in Deiner Abwesenheit'___

___Dein Kopf_erleichtert_seitlich an meinen
___Stille_nur unser Atem_im GleichTakt_
Du entwendest mir mein Laken_
holst mich unter Deins_
___Haut an Haut_eng_nah_
Deine Hände sanft um meine Taille_
___über meine Beine
draußen___leises_Plätschern vom
Springbrunnen_der kleine Putte_Amor
___im Einklang mit dem großen Wasserspiel
eine Säule in der Mitte___Rauten in der Luft

formend_ehe das Wasser___wie
Palmenblätter ausschwingt___
___Wasser zu Wasser fällt
___die Wasserfontänen ringsherum weckt_
senkrecht zum Himmel___in Reih und Glied

Du___erkundest mich_zärtlich sanft_
_in totaler Ruhe_als wecke___eine
innere Melodie plötzlich etwas in Dir___
Deine Augen_funkeln_blitzen_im Mondlicht
___ich spüre Deine aufkommende Spannung___
___Deine Finger tief in meiner Haut
___zwischen meine Beine_fühlen___was Deine
Erregung mit mir macht
___weich, feucht_
Deine ganze Hand auf mich___
ich spüre_Deine Wärme_stehe auf
ziehe Dich mit___zurück ins
Himmelszelt___streichle_Dich___
Du_legst Deine Hand sanft auf meine Wange___
unsere Lippen_spielen miteinander
___doch dann_vorsichtig_liebevoll_
_ich_über Deinen Hals_Deine kleine Mulde_
_Deine Brust_ein sanfter Liebesbiss___
meine Finger_vor_hinter_neben_nah an_
fern von_meinen Lippen___
die_immer weiter___nach unten_
Dich spüren | spüren lassen___
Deine Hände_durch mein Haar_
_über meine Wangen___mich halten_führen
___Du richtest Dich leicht auf_schauen___
lässt mich zwischen Deine Beine___
___legst meine Hände um Dich_
Dein Daumen auf meinen Lippen___
___dass ich Deinen Rhythmus fühle_
_ehe Du meine Lippen frei gibst___
___Dich zu küssen_Deiner Sinne zu berauben_
___Deine Hände_mein Gesicht_berührend_
Du suchst___Deine Bewegungen zurückzuhalten
_ziehst mich nach oben_über Dich___
___Deine Hand auf meinen Bauch_wo Du bist
___Dein mein | mein Dein Rhythmus_
_langsam_tief___Du ganz in mir___
_nimmst Du meine Hände in Deine
___möchtest dass ich mich bewege
als küsse ich Dich_bis Du spürst_
dass ich gleich zerberste___
___Du richtest Dich ganz zu mir auf_
_schließt mich fest in Deine Arme

und lässt Deine Ekstase in mir frei___
Deine Finger Spuren auf meiner Haut___
___ich ganz *Dein*___
___schließe Dich fest in meine Arme,
meine Lippen auf Deiner Stirn___
wo Deine Gedanken Dich umtreiben___
_‚erzähl weiter‘

___der Waldboden unter unseren Füßen_plötzlich
unerwartet fest, stabil
_eine Schneise___quer durch dichtes Laubwerk_
Schienen_scheinbar lange unbenutzt_
___von der Natur erobert_und doch
___die Sprossen_unversehrt_
in ebenmäßigem Takt_
___meine Finger in Deine_und los_
von Sprosse zu Sprosse_über die Schienen_
_durch den Baumtorbogen
___vor Verwunderung verlieren wir beide
das Gleichgewicht_unser Blick_
___gebannt nach vorne_finden wir
aneinander | miteinander Halt
Du schiebst mich vor Dich_fest in Deine Arme
___es gibt sie doch_Orte___
nicht von___mitten in dieser Welt_
wo sich niemand hin verirrt_
nur zu finden___dem Ruf
des eigenen Herzens folgend_
Schienen_seltsam erhaben über dem
Erdreich_entlang eines Weges, der eigentlich
keiner ist___und doch führt_von hier nach dort
von Dir zu mir___
hierher...

{hier geht es weiter... ;-)...}

Villa dei Misteri

Du liebst_das Spiel mit Worten
mich mit ihnen zu verführen
Dich mich | mich Dich
___mich für Dich_zu berühren

___ein kleiner Zettel
Staubspuren auf dem Papier_
der Abdruck Deiner Finger
___Gluthitze des Tages
___Sommerfrische des Nachts
kühl samtig_jetzt_der Wind
die Vorhänge___wie Segel in der Luft
schwebend_fallend_sich wiederaufzurichten

meine Hände_verträumt_verspielt
Deine Worte unter | über | vor meiner
Fingerkuppe

Stoffbahnen___sich erhebend_ihre Körper
umspielend___sie verhüllend_
Szenen_Bilder_ihres Verspieltseins
___heiter_erregt_neugierig
zu erkunden_zu enthüllen___zu ertasten

Dein Atem hinter mir___Hände versteckt
___ganz nah_Deine Fingerkuppe
_in meiner Lende
mein sanftes Vibireren genießend___

in Schatten gehüllt_fast unberührt
vom Sonnenlicht___seit 2000 Jahren
WandFresken___einen Raum umspannend
_das Tor zu einer neuen Welt___
das LiebesSpiel___der Frauen_

unberührt_verführt_Stoffbahnen zu ertasten_
_Erregung zu erspüren___
(s)einen Phallus___sanft zu umschmeicheln
_sich (selbst) berührend_ihn so zu verführen_
ihnen ihre Unschuld sanft zu nehmen

___Dein Herz hat gepocht_
Deine Augen___liebevoll mich begleitet
_in meiner Neugierde___die Bilder_Szenen_
Gefühle studierend___unbewusst mit meiner
Hand___auf meinem Busen

___selbst spüren wollend_den Stoff
___das Darunter_Deine Fingerkuppe
_in meiner Lende___

___nun_sanft_über den Staubabdruck Deiner
Finger streichelnd
pocht mein Herz___das kühle Nass_
Staub und Schweiß des Tages_soeben
abgewaschen___Du hast mich vorgeschickt
mir zugenickt_draußen___in der Abendsonne
die Herren auf Dich wartend___an der
TheaterTribüne

der Wind auf meiner Haut
_das Wasser trocknend
ich_eingehüllt in Dein Leinenhemd
Dein Duft darin_von heute morgen
meine Lenden in eigenem Gewand___

von draußen herein geweht___der Duft von
Erde_vermischt mit einer
Meeresbrise___Rosmarin_
Lavendel_Thymian___

Nase___Wange_Lippen
Deine Worte
Dich spüren___mit meinen Händen
_auf meiner Haut

ein Fensterladen klappert_fällt zu
Lichterspiel im Himmelbett
der große Baum auf der Terrasse
wiegt sich im Wind

liebevoll_erregt_in Eile notiert
ein Hauch von Ewigkeit
___hast Du mir den Zettel in einem
unbeobachteten Moment in mein
Notizbuch gesteckt

meine Spannung_Vorfreude_sichtlich
genießend___mich neckend_mit Deinen Blicken
wohlwissend___der Stoff umhüllt_verführt
reizt die Sinne_zu erkunden

mich zu streicheln_mit Händen
an Lenden_zwischen Schenkeln
wenn Du noch fern | Dich ganz nah zu holen

meine Musik im Ohr
___so___eingenickt

Du___schiebst_behutsam den Leinenstoff
Deines Hemds auf meinen Bauch_
nach oben___
streichelst über meine Hand___
fährst mit zitternden Fingern abwärts
zu spüren___wo_wie ich mich berühre_
fern | ganz nah_im Reich der Träume___
___Knopf um Knopf vorsichtig auf___mit Deiner
anderen Hand___mich betrachtend_
mich zu berühren_zu verführen im Schlaf
aufgewacht_blicke ich Dir_verträumt
_liebevoll entgegen___ertaste mit meinen Augen
im nächtlichen Dämmerlicht_Deine Konturen
Du___nackt_frisch aus der Dusche_
neben mir am Bettrand___das dünne
Handtuch nur an einer Stelle aufgespannt_
Dein Daumen an | zwischen meinen Lippen
'berühr' Dich___für mich'
Deine Worte kaum hörbar
drückst Du meine Finger sanft in mich
und entfernst mein | Dein LendenGewand
öffnest zärtlich für Dich | mich
meine Schenkel
und führst meine Finger weiter___
___mich selbst zu verführen
Deine Hand___an meinen äußeren Lippen
_zwischen meinen Schenkeln
um zu spüren_das sanfte Anschwellen
_feucht_warm___das Pulsieren_
im Rhythmus meiner Bewegungen
Deine Augen_auf und ab_zwischen
Deinen meinen | unseren Händen
Du berührst Dich immer wieder selbst
alleine___meine andere Hand
in Deiner_wieder alleine
ich nehme Deinen Zeigefinger___und führe
Dich_dass Du ertasten kannst
was Du sonst nur erahnst
___warm, geschmeidig___eine gespannte Stelle
nehme Deinen Daumen dazu
___dass Du sie beide kennst_
die kleinen geheimen Punkte
innen und außen_
Du lässt Dich fallen_führen_
gehst mit in meiner Erregung
schmiegst meine Hüften in Deine Hände

beugst Dich über mich___Lippen auf Lippen
,lass' los_Dich fallen_ich halt' Dich'
und_legst Deine Erregung fest | unnerreichbar,
ganz geschützt zwischen uns___
Haut an Haut___umspielst mit
Deinen meine Finger_in meinem Rhythmus
,ich möchte Deine Ekstase sehen_spüren'
___hakst mein Bein zwischen Deins
ich fühle_höre Dein HerzPochen
Deinen bebenden Atem_schließe
meine Augen___und lasse
mich fallen_
meine Finger streichelnd | haltend_sachte |
mit Druck___der Handballen hinzu_im sanften
Schwung meines Beckens___meine andere
Hand über meinen Bauch_meinen Busen
_außen_innere Bahnen der Erregung
nachzeichnen___mit Deinen Augen
spielen_mein Daumen_über |
zwischen meine Lippen___
als würde ich Dich küssen
spüre ich___wie das Vibrieren
in mir langsam_unaufhaltsam___
einsetzt___ich bebe_pulsiere_zittere
ich blicke Dich an_Deine Augen glasklar
_gebannt___als hättest Du soeben
etwas Ungeahntes entdeckt___

ich spiele_zärtlich_neugierig_mit Dir
___sachte | feste_weiche Innenseite | gespannte
Außenseite meiner Finger

Du beugst Du über mich___,darf ich?'
ich nicke___selbst neugierig_Dich nun zu spüren
_Deinen Rhythmus ganz nah_in mir
Du spielst_spürst_meine erneute Erregung
ich_,lass' Dich fallen_ich möchte Dich_Deine
Ekstase_ganz nah erleben'_und ziehe Bahnen
mit meinen Fingern_durch Deine Haut_spiele
mit Deiner Lust_gebe mich hin | entziehe
mich im leidenschaftlichen Liebesakt
rücklings_bäuchlings_rücklings
bis Du in mir aufgehst
Deine Finger meine
fest im Griff
Du führst

Das erste Bild

___bäuchlings
auf der großen GartenLiege
unter einem SonnenDach
aus hellem, dichten LeinenStoff

gleichmäßig___hebt und senkt_sich
Dein Brustkorb___im | mit dem_sanften_
Licht und Schatten Spiel___
Deine Haut___wie Marmor_hell_
dunkel___von_einer_inneren
Energie erzählend___Deine Augen_
vertieft in ein Buch

ich_gegen die Windrichtung_
_auf SamtPfoten herbei
_über das GänseblümchenMeer

Du legst___mich liebevoll emfangend_
begrüßend_Deine Lippen___in
meine HandInnenfläche___
,bitte'_Deine Gedanken
___nicht zu stören
___ziehst mich
neben_mehr
auf Dich

mein Kopf auf Deinem Schulterblatt___
mit meiner freien Hand_
durch Dein Haar_
_über Deinen Nacken___
geführt von Deinem
LippenSpiel mit_
meinen Fingern
___in die Du_
irgendwann_Deine
Wange_einschmiegst_
,uns' in Deine Hand legst___
und weiterliest__Seite_um Seite
_Dich fallen lässt___in
mein sanftes Formen Deines
Rückens_als befreie ich aus einem_
einzigen Marmorblock_Atemzug_um
Atemzug___Dein Wesen_das sich
___mit jedem_Deiner Gedanken_
jeder Deiner immer intuitiveren
___LiebKosungen meiner

_Finger___ganz von selbst
einfindet___in Deinem Körper
Muskelpartien_ange- | entspannt
_sich eingliedern___in_das Auf und Ab_
Deines Herzschlags___im ebenmäßigen_
Wellengang_Deiner Luftzüge

meine Lippen___
Worte der Liebe
lautlos erzählend_über
Deinen Nacken_...Wirbel_um Wirbel_
abwärts___Dein aufkommendes Vibrieren_
neugierig aufgreifend_meine Fingerkuppe_
in Deine___LendenMulde_Dich sanft aus Deinem
Lesen entführen_bis...Buch weg_

das Muster des LiegeTuchs
_auf Deiner Brust_Deinem Bauch_
sachte___mit Fingerkuppen_Fingernägeln
darüber_meine Lippen liebevoll
auf die weißen Spuren
ich_leicht erregt
was Dir nicht verborgen
Du_zitterst___unsere Augen
ineinander_Dein Daumen auf |
zwischen meine Lippen_mich ganz
nah_küssen___vertraut_erzählend_
sehnsüchtig___versprechend_
_unverhüllte LippenBerührung
auskostend_unsere Hände über Stoff_

ich hake Deine Hände_fest_in
meine__zwischen uns_wie einen
Steg___von Bauch zu Bauch_
'schließ' Deine Augen
stell' Dir vor_
wir_in der Abendsonne_
nackte Haut_plötzlich dunkler
_Du mit Deinen Lippen die letzten
Lichtreflexe_fangend_auf meinem Bauch
in meinen Leisten_Deine Finger
meine Lippen streichelnd_Du
sie sanft öffnest_meine
Erregung zu spüren
von außen nach innen
liebevoll begrüßt_genießt
Deine Daumenkuppe
wo Du meine Sehnsucht___nach
Dir spürst___steigerst_

mit Deinem Unterarm
mein Becken hältst
Du mich mit küssend
fragst_bittest___Dir_dieses
erste, äußere Vibrieren zu schenken
_mein inneres_liebevoll für
Dich bewahrend_Du_Deinen Daumen
_für Dich zur Seite nimmst___...'
Deine Augen_tief in meinen_
_Dein Atem bebt
ein Vogelschrei
kündigt die Abend-_
Dämmerung an_Deine obere
Hand___aus unserem Steg_auf
meine Wange___Dein Daumen auf_
um meine Lippen___als seien sie
mal die einen_mal die anderen
___kühlere Abendluft über_
___Deine nackte Haut
unter meine Bluse
___ich schließe
öffne_meine
Lippen_
gespannt
samtweich
Berührungen
unserer_Welten
vertraute AugenBlicke
_fern | ganz nah_Du
umschmeichelst
mein Gesicht_
_in Deinen Augen
wechseln_Gedanken_
Welten_Gefühle_getragen
von Deiner_Erregung_die Du_
zu Bildern_Worten_Szenen formst

ich löse unsere Hände_
streichle über Deine Brust
und beginne_einfache Formen
auf Deine Haut ‚zu legen'_
eine Sonne_eine Welle_
einen Stern_ein Herz_
ein Stupser auf Dein
pochendes_Herz_

Du lächelst___
'was hast Du eigentlich vor?'
‚Dich wachzuküssen_Deine Sinne_

zu entführen_dass Du diese
Welt_ein wenig loslässt_...'
Dir verraten_was nur
zu erleben(?!)___
neugierig machen_ja ;)
ich führe Deine Hand___
auf meine HosenTasche___
Du ziehst verwundert_
einen dicken_alten
MetallSchlüssel heraus
von Hand gefertigt_ein
SchmiedeKunstWerk_
als Reite_funkelnd im Licht
das Motiv: ein AchtEck___
drei Blätter_zwei
verschlungene Figuren

Du Dein Hemd an_wir Schuhe
meine Finger_in Deine
ich vorneweg___
entlang eines Weges
der keiner ist_und doch
_der einzige_durch hohes
Gras_versteckte trittsichere
Steine_in wassergetränktem
Erdreich___aus einer Quelle
im Felsen_am Ende_Stufen
hinter dichten Sträuchern
unsichtbar unter Moos_
der schmale Pfad_erst im
Gehen_Schritt um Schritt zu
erkennen_
___die WildTierPfade unberührt_überqueren
unterwegs_
Aus- | EinBlicke
ins FlussTal_
weiter über WildBlumenWiesen_
bis zu einer FlussBiegung___
kniehoch_wieder liegen Steine
eben und sicher_unter der Strömung
am anderen Ufer_den Hang aufwärts_
öffnen sich plötzlich die Bäume_
als ließen sie nur jene durch
die das Geheimnis ihrer
Mitte___zu hüten wissen
...farbige Szenen_aus antiken Mythologien
achtsam verwoben mit biblischen Elementen
scheinbar Alltägliches dazwischen_
spielende

Kinder___mit tollenden Putten
___unter dem Schutz der Natur_
_ein Inneres nach außen gekehrt
___der Schlüssel_in Deine Hand
das Schloss knallt_knarrt
___springt federleicht auf
ein wundersam offener Raum
wenige Möbelstücke_weiß
mattierter Holzboden_
_Deine Lippen auf meine Stirn
'und welche Geheimnisse
birgt dieses Reich?'
,das der Sinne...'
Du wanderst durch
den Raum_Deine Hände
_über helles Holz_sanfte Stoffe
die knallbunte Metallkommode_als
sei sie Bild vor den sonst weiß getünchten
Wänden...___den Vorhang_vom Himmelbett
auf___verspielter Blick zu mir_Deine Hände
weiter_die geprägten BuchLederRücken_
Zettel_Notizen_ein altes SiegelSet
einige HolzSchnitzUtensilien_
___getrockente Blumen
präparierte Schmetterlinge
___rohe Edelsteine_und eine große
HolzSchachtelRolle___
intuitv öffnest Du die
versteckten Scharniere
ziehst den Samtstoff heraus_
Sekunden werden zu Minuten
mein Herz pocht___meine
Augen_ruhen_wandern
bleiben bei Dir
berühren Dich zärtlich_
liebend___streicheln sanft über
Deine Konturen_verfolgen jede Deiner
Bewegungen___Deine Finger_freudig erregt
die Buchstaben erkundend_auf dem alten
PergamentBogen_Deine Lippen_Worte
formend_die ich kenne_und doch
nicht zu zitieren___nicht
zu übersetzen weiß
aber lauschte
als sie mir vorgelesen

wie von Engelsflügeln_getragen
auf Zehenspitzen_lautlos_zu Dir
_sachte_unsere Finger aneinander

wie Saiten___miteinander
schwingend_Du ihren
WortSinn_ich_ihren
BildSinn___
geschwungene |
gerade Formen_Vokale
und Konsonanten___in immer
neuen Verbindungen___Rhythmen
_über das Blatt_fließend___mit | gegen |
frei vom Lesefluss___
unsere Hände gleiten___
_wie ineinanderfließende Wellen
von Papier_über | unter Stoff___auf
_unsere Haut___öffnen Knöpfe_enthüllen
aus Ärmeln_spielen mit kleinen | großen
HautFältchen___wie mit wundersam
geformten Buchstaben___auf
PergamentPapier___
entlocken ihnen
hauchzarte
Bewegungen_
liebkost_eingefangen
mit unseren Lippen_als seien
es helle_warm klirrende_Töne riesiger Glocken
Deine DaumenKuppe_über meine
Wange auf meine
Lippen___Deine
verspielt_dazu
___wir_
auf einer_
Wolke_weiße
fallender_LeinenStoffe___
von hier nach dort_zum Himmel(s)Bett
Du löst___eine VorhangSchleife
aus weichestem___Modal
ein sanfter Windhauch
vom wehenden___
uns schützend
einschließenden
HimmelsZelt_über unsere Haut
Härchen_sich vibrierend aufstellend
bebender Atem___warm_streichelnd_
flüsternd verratend_die leichte Spannung
in | zwischen Schenkeln_eng
umschlungen
nah | noch fern
vertraute Sehnsucht
die Schleife mit | gegen |
frei___in | zwischen_Deinen

Fingern_über meine Konturen
gleitend_hauchzarte Berührungen
Du spielst_verführst_Dich | mich | uns
Augen zu | auf | wandernd über Körper |
erkundend | liebkosend___tief ineinander
___legst Du meine Hände_behutsam
in Deinen_auf meinen Bauch
das Band___wie Wasser
zwischen_um meine
Finger_die vor
Erregung
Neugierde
zittern___immer
wieder_nach Deinen suchen
Vertrauen fassen_finden_loslassen
beginnen_zu spielen___Deinen Daumen
umschließen___HandInneres sanft
pulsierend_Dich hält_frei gibt_
Deine Lippen_über meine
Hand | FingerRücken
verheißungsvoll
Dich entziehend___
Dein Brustraum klingt_kaum hörbar
in einem klaren_sanften_unendlich
weiten Ton___Du beugst Dich_
zu mir_küsst mich___meine
Finger_locker gespannt
im SchleifenBand
_sachte drückst Du meine Schenkel_mit
Deinen auf_berührst mich
mit Deiner Erregung_gleitest
um | zwischen Lippen_vereinst
unser feucht warmes_Pulsieren
innehaltend_sanft versprechend
wiederzukommen___selbst
kaum wiederstehend
Du___Dich zitternd_auf
mich_direkt an meine FingerSpitzen
legst___berührst_verführst_dass ich Dich zärtlich
empfange_meine Daumenkuppen_Dich
streicheln_als seien es meine
Lippen___meine Finger
Dich umschließend
liebevoll_fange
ich Deine Augen
ein_Nase auf Nase
Lippen auf Lippen___
die sich finden | verlieren | ganz finden
ineinander aufgehen___im WellenGang

unserer vibrierenden Schwingungen
,leg' Dich ganz langsam_in mich'
Lippen_die bleiben_Hände
Dich sanft entgleiten
lassen_sich öffnen
flach_mit Innen
von außen Dich |
mich | uns schützen
Deine Finger___über mein
Gesicht_überall ertasten_spüren
ich halte Dich_ganz ruhig in mir_bis
Du los | Dich fallen lässt_in die kleinen
sachten Berührungen_als spielten meine
HandInnenSeiten mit Dir_Du meine Erregung
warm_pulsierend_anschwellend_fühlst
mich mit Zunge_Lippen dirigierst
wir im Rhythmus_langsam
zärtlich_bedacht
schwingen
Du
die Schleife
löst___meine Arme
um Dich legst_Dich ganz
tief_fest einschmiegst_in meinen
Schoß_meine Umarmung_ich meine
Beine um Dich lege___ganz nah_ganz
bei Dir_ganz Dein___wie auf Pergament
legst_Du_Deine Worte Deiner Liebe
in einzelnen Buchstaben auf
meine Lippen_hauchst
ihnen Leben ein
befreist sie
aus Deiner Brust
Deinen Gedanken_lässt
sie behutsam_in unserer Melodie
ihre Noten finden___mein Kopf zwischen
| in Deinen Händen_in meinen Augen
Deine InSchriften lesen_ihre
Formen erkennen
mich fragen
nach
Deinen |
meinen | unseren
Worten___Wort für Wort
i_c_h___l_i_e_b_e___D_i_c_h
als Bild auf Deinen Rücken_Deine Brust
zwei Fingerkuppen_beisammen_ebenmäßiger
Schwung nach außen_wieder aufeinander
zu_vereint in Anfang und Ende_und

ihrer umschlossenen HerzForm
___Deine Bewegungen_ruhig_
klar_liebend_unglaublich
erregt_lege ich meine
Hand auf Deine kleine LendenMulde
Dich ganz nah holen_nie ganz raus lassen_Du
streichelst zärtlich | mit Druck_über meinen
Busen_liebkost die kleine geheime Stelle
beraubst mich_genussvoll_
meiner Sinne
Du___selbst kurz
vorm Zerbersten_fahre ich mit
meiner Fingerkuppe_von Deiner einen
Brust zur anderen_von Dir zu mir | von mir zu Dir
Du spürst mein aufkommendes Vibrieren_legst
Deine Lippen_auf meine_und lässt_ganz
nah_sanft zitternd_Deine
Ekstase_in meine frei
unsere Blicke
verspielt verträumt
ganz bei uns___hier und jetzt
unsere Hände_über unsere Körper gleitend
wir vertraut_aneinander geschmiegt___einzelne
Worte_uns zuflüsternd_und einfach einschlafend
über Deiner Frage___,was hat es mit dem
erwähnten *EinHorn* auf sich?'
ein VogelSchrei___noch mitten
in der Dunkelheit___ganz nah_unterm SternenHimmel___NeuMond_
___wir beide_verschlafen_hellwach___reiche ich Dir | mir_je ein großes_Hemd
Augen auf | zu___schauen | lauschen
wie draußen___in einer der kürzesten
MittSommerNächte___noch alles schläft
___Lippen_auf freie Haut_all unsere Sinne
zu wecken___ich greife ans KopfEnde___
Deine Hände___gespannt über
meinen gestreckten Körper
RippenBögen___
ebenmäßig geschwungen
mit jedem Atemzug___sich weit
öffnend_unter meiner Stimme vibrierend
als schlügen Deine Finger_die Tasten eines
wundersam eingespielten Cembalos an
die Tiefen_BauchTöne_weiter unten
die mittleren_Brust | SprechTöne
_weiter oben___die hellen_...
Dein Daumen_hauchzart
entlang der kleinen
Mulde___über meinen
KehlKopf___die KinnUnterSaite

meinen KieferBogen_das VorderKinn
über meine Lippen_Buchstaben_Worte
formend___schwingend_im Klirren meiner
Töne_bis ich sie liebevoll auf Deinen
FingerRücken_lege___und
einen jener hellen
KopfTöne summe_nach
denen Du suchst___mein Körper
in totaler Ruhe___lautlos_schwerelos
ich im AusSummen_meine Lippen leicht öffne
und___ehe der Ton verhallt_ihn in ein U_mit
neuer Luft überführe___der Raum der
U|nendlichkeit_lichtern_transparent
ein Bla|U___nicht von dieser
Welt_kristallklar und warm_rein
ein Atemz|U|g lang | weit_klirrende Stille
der Welt___nur *wir_Du* und *ich_in* meinem Ton
ein sanftes MetallKlingen_ein ZischGeräusch
KerzenLicht_in einer tragbaren Laterne
Du blinzelst_ich liebe diese kleinen Momente
der Überraschung_in Deinen Augen___Deiner
Freude___sprachlosen Neugierde___
mich in Deine Arme schließend
blickst Du im wundersam_
erleuchteten HimmelsZelt umher
ein großer Baum_Blätter_raschelnd im Wind
im flackernden KerzenLicht_ein LiebesPaar
auf ZehenSpitzen___Du das Licht___wir_zur
hölzernen WendelTreppe___der weiße Raum
im Lichter | SchattenSpiel_zum Leben erweckt
*wir*_federleicht_fast tanzend_mittendrin_in
unserer Welt___von hier nach dort
an diesem Ort_ich Dir das Licht entführe
_ein anderes reiche___als alleiniges_
___kristallklares Glas___von Mund geblasen
die Flamme ruht_seltsam darin_erleuchtet
ebenmäßig___Du suchst nach Halt
kaum dass Deine Augen_das
Holz der Kuppel vor Dir
berühren___jetzt und hier_sanft
illuminiert_von nah_wunderschöne
HolzReliefs___das erste Bild_ein EinHorn
mit sachte erhobener Hufe_auf einer Buchecker
Du schmiegst mich vor Dich_Deine freie Hand in meine
vor meiner | Deiner Brust___pochende Herzen
das KerzenLicht nah | weit strahlend
jedes Bild_für sich | im Vebund

seiner nächsten___hauchfein gearbeitet___
zusammengefügt_aus EinzelElementen
als seien sie___schon immer eins
ich halte Dir das Licht_Deine Finger_berühren_unberührte BucheckerMulden
_gleiten_entlang rötlicher Furchen_samtweiche AußenHülle
___fast fließend_schwingender
___und doch_seltsam stabiler Hölzer
‚LebensBäume_riesige aus NordAmerika'
Deine DaumenKuppe___meine Narbe
rechter ZeigeFinger...SchnitzMesser
in meiner Linken___,wenn die
Buchen_im Herbst ihren
Samen abwerfen_
daraus Öle gewonnen_
ihr Inneres_PerlenWeiß_lichtern
gleich einem EinHorn des Nachts___
SamtSäckchen___den schönsten hinein...___'
duftendes Holz_wie wehender Stoff_erzählend:
Jahr um Jahr___gesammelt_umworben
wohlbehütet_verwoben ins Holz
unberührt___bewahrt
mein EinHorn
Deine Finger_liebevoll
vertraut_die kleine Stelle an
meinem Busen_überm Stoff
umspielend_schützend
‚...ein alter Brauch_
des Mädchens___elfter
Geburtstag_die Unschuld sachte
verlierend_erste HerzensWünsche lieblich
erklingend_WangenRöte_paradiesischer
Momente erinnernd___Neugierde weckend_
von der Frucht_der Erkenntnis zu
kosten___sie gar zu öffnen...'
Szenen_schüchterner Berührungen
zugesteckter LiebesBriefe_Schalen voller
BuchEcker_Äpfel___ich_Jahr um Jahr
ein Säckchen_nähend_schnitzend_füllend
auf geheimem Wege_tragend___
von hier nach dort_hierher
,___...des Nachts im Traum
sich vor unseren Augen verwandelnd
mit weiß leuchtendem Fell_samtweichem
wunderschön geschwungenem Horn_er uns_
zu berühren_zu entführen weiß___aus der Welt
uns die Scheu nimmt_selbst zu verführen_neugierig
zu ertasten_zu erkunden___uns an | einzuschmiegen_
in seine Wärme___uns behutsam auf seinen
Rücken nehmen | davon tragen darf...'

ein unverbautes Beutelchen_den
Samen___in meine Hand_ebenmäßig
geschwungene Seiten_die Spitze unversehrt
Deine Lippen_spielen an meiner Schläfe_Dein
Atem bläst mir_durchs Haar_übers Gesicht
ich lege die Frucht_ganz in Deine Hand
schließe Deine Finger darüber_lege
meine darauf___,an die Höhe
gewöhnt_die nackten
Schenkel um
den pulsierenden
Körper gelegt_benetzen
wir_mit unseren Lippen_vorne
die Buchecker___küssen sie wach...'
liebevoll amüsiert___blickst Du auf das kleine
gleichschenklige Dreieck zwischen meinen
geschlossenen Lippen___legst zwei
Fingerkuppen_daneben | dran
einmal feucht_öffnen
sie sich___fast
von selbst
enthüllen ihren
weichen Kern
...Buchstaben
auf Pergament
vor Deinem inneren
Auge___,des EinHorns
LebensPerle_ein AtemHauch
ein AugenBlick___ein sanfter Kuss
ich liebe Dich...'
das Licht in Deiner Hand_vorsichtig nach oben
wohin ich_nicht reichen kann___Bild um Bild
vor | zurück_hoch | runter___diagonal_so
oder so herum_klirrende Stille_nur
unser Atem vibrierend in
liebevollen Tönen_wir
in unseren Worten_einander
die Geschichten_jener ZauberWelt
vor uns_erzählend_bis das Holz plötzlich
älter scheint_die Perspektive wechselt_
von MännerHand geschnitzt_eine wunderschöne
junge Frau_unerreichbar nah___ihr anmutiges Wesen
_wie eine Perle_in einer Muschel___sachte schimmernd
zwischen den_nur leicht geöffneten MuschelSchalen___
ihr samtweiches Inneres___zärtlich zu berühren___
Du hältst mich_fest in Deinem Arm_drückst mich_
an Deinen Bauch_Deine Brust_Finger in Finger

gehakt___die Geschichte_auf Pergament
_sie erzählt_die Leerstellen der Bilder_
in alter Schrift_als sei sein Schmerz
nicht mit lebenden___Worten
auszusprechen gewesen
manches Mal Konsonanten
ohne ihre Vokale_nur Leerzeichen
dazwischen_als suche er die Stille___
um *ihre* Töne weiter zu hören_in seinen
Gedanken_behutsam dirigiere ich Deinen Arm
___zu einem Bild_die Muschel darauf_anfangs_
seltsam unbeholfen_erst mit der Zeit
_abgerundeter_weicher_glatter
___ein junges_fröhliches Mädchen
darin_in wehendem KleidHemdchen_
'die erste Berührung___in | durch
Holz_zärtlich_unschuldig
schützend___legte er seine
Geschichte um mich___lehrte
mich___den Klang_die Struktur
des Holzes___mit den Augen
zu ertasten_es in meinen
Händen fließen zu
lassen_ihm
liebevoll die Formen
Figuren_Bilder meines Herzens
zu entlocken_und begann mir seine
zu zeigen_die ich mit in die Welt nahm
für ihn jene wunderschöne Gestalt suchte
die er unberührt___in sein Herz geschlossen
in SommerNächten wie diesen___unten an
der FelsMuschel_ihr Bad im MondSchein
bewachte'_die MorgenDämmerung
bricht herein___lässt die Bilder
vor uns___langsam im
Licht___sanft
ruhen
als verschmelzen
die zauberhaften AugenBlicke
der Nacht_nun des Tags_geheimnisvoll
mit den wunderschönen Maserungen___des
RiesenLebensBaumHolzes___als erzähle es selbst bereits vom Leben
...noch ein paar Stunden Schlaf___auch für uns___
aneinander gekuschelt unterm Laken_öffnest
Du die Knöpfe unserer Hemden_Haut
an Haut_und knöpfst über uns
einige Deiner_in meine
KnopfLöcher
unsere

Beine___liebevoll verhakt
Du suchst meinen Blick___
mein Kopf_in Deinen Händen
Deine Lippen_auf meine_,erzählst
Du mir die ganze Geschichte?' ,ja, ich
werde sie Dir zeigen_Nacht für Nacht___
ausgeschlafen vom Tag...' und damit_
schmiege ich Deinen Kopf ein
streichle durch Dein Haar
über Deine Stirn_
Deine Schläfen_Wangen
Nase und Lippen_lege meine
Finger auf Deine AugenLider___
Deine Hand auf meiner Brust_mein
kurzes Herzpochen zu beruhigen___
,Du bist der erste hier nachts bei mir_es
ist viel schöner_als ich es mir je vorstellen
konnte'_jetzt pocht Dein Herz... wir schlafen
tief und fest_ein___wachen auf
gehen_zurück in die Welt_erleben
den Tag_traumwandelnd | ganz
wach_aufgeweckt_durch die
nächtlichen Ereignisse
freudig erregt_
neugierig_auf die
AbendDämmerung_jeden
Moment des hellen SonnenScheins
auskostend_bis die KirchenGlocken achte
schlagen_der Weg zum Tor_oben in der Kurve
versteckt zwischen Bäumen_der geheime Riegel
die ineinander geschobenen MetallVerschläge
unter lautem Knallen aufschnellend_hinter
Dir schließend_moosbewachsene
MeilenSteine_als WegWeiser
SteinStufen am Hang
morgens habe
ich Dir
KreideZeichen
an die BaumStämme
gemalt___die Tür_nur agelehnt
am Einang schon___der vertraute Duft des
Deine Hände_zur Begrüßung___verspielt in
meinen Nacken_Augen in Augen_
Lippen auf Lippen___mein
Kopf_auf Deine Brust
Dein HerzSchlag
klirrend_klar
weit___

Deine Hand___flach auf meine Brust
bis unter dem sanften Pulsieren_Deiner Haut
mein HerzSchlag_in Deinem ruhig mitschwingt
und unseren_unendlichen Raum_wie ein ewig
aufgespanntes HimmelsZelt_sich öffnet
ein WimpernSchlag_ein AtemZug
von jetzt auf gleich_wir *wir* sind
ich ziehe Dich_zu mir auf
den riesengroßen alten
LederSessel_schließe
zärtlich Deine Augen
führe Deine Hand___
entlang der ArmLehne
Deinen MittelFinger_in eine
LederMulde___mit Druck hinein
ups... stupst sie Deinen Arm hoch_Augen
auf___im Inneren_eine LederRolle___PapierBögen
kleine Zeichnungen_RandNotizen neben
Dir teils vertrauten Worten_Zeilen_wie
Wellen übers Blatt fließend_sich
formend_verspielt verführen
ihnen zu folgen_
sie loszulassen
wiederzuholen
TransparentBögen
dazwischen_hauchzarte
BleistiftSchrift_gezeichnete
Blütenblätter_meine Finger
zwischen den Knöpfen
unter Dein Hemd
einfach auf...
'Komm' mit_
Du weißt nun wo sie sind___lesen kannst Du
immer_erleben geht nur jetzt...' liebevoll Deine
Augen_Deine Lippen entführend_alles zurück ins
GeheimFach_WindLicht her_leichtes Gewand und
Sandalen an___ein großes dickes Baumwolltuch_und
los___quer durch
den Wald in die Dunkelheit
___über unsichtbare Pfade_
bis wir plötzlich
am Waldesrand
auf einem riesigen
NatursteinFeld
stehen_vor uns der Fluss
___in weiten engen Kurven_
vorm gegenüberliegenden Ufer_
unerreichbar nah |
oben auf der FelsEmpore

_still_schwingend
_als habe die Zeit hier
hier einen _anderen Takt_
fügen sich_die Naturelemente
in eine fast überirdisch anmutende
Komposition
nichts bewegt sich | nichts ist still
barfuß über die rund gewaschenen Steine
_bis zum Wasser___
samtig fließend_
spiegelt es alles sachte
eine Buchecker
in Deine Hand__'wirf'
sie ganz vorsichtig nicht zu
weit!'_Wasserringe in ebenmäßiger
Kreisform_als erklinge ein himmlisch
reiner Ton_die Buchecker_wie
von EngelsHand getragen
fast schwerelos
entgegen
der FlussRichtung
diesmal amüsiere ich mich
liebevoll_über Deine Verwunderung
entledige mich wortlos aller Kleider_Dich
gleich mit_ab ins Wasser___wer die Stufen
kennt_kann bequem in die Strömung gleiten
zum großen Felsen___an die Dunkelheit
gewöhnt_betrachtest Du verwundert
_die märchenhafte Natur um uns
'komm' zu mir___und halt'
Dich an mir fest'
mit meinen Händen_sicheren
Halt im Felsen gefunden_lege ich
meine Beine um Deinen Rumpf___Du
traust Deinen Augen nicht_alles schillert_in
silbrig weißem Licht_tausendfache Reflexionen
der Sterne_des Monds
'...die große Muschel?!'
'ja___es ist ein ganz besonderes
Schiefergestein_durchzogen
von Quarzen...'
meine Hand_über Deinen
Arm_Deine Hand
'heb' sie übers
Wasser..._'
Leuchten
Du___greifst
mit Deiner anderen
Hand intuitiv neben meine

im Fels über uns_Lippen an Lippen_Tränen_in
Deinen | meinen Augen_Freude_Glück_Verwunderung___meine Finger_über Deine
Brust_sie in den weißen Glanz
des Einhorns tauchend___die
Wassertropfen auf meiner Haut
_leuchtend wie Perlen_in Deinem Licht
___Du stupst sie_fasziniert einzeln
an_fährst ihre Bahnen_vor___
tropfst Wasser
auf meine Schulter
meinen Busen_gleitest
mit Deinen Händen
weiter___unter
die WasserOberfläche
_berührst
samtweiche
Haut_Lippen
kaum spürst Du
das Vibrieren in
meinem Atem:
,hast Du sie
für ihn gefunden?' ,ja...'
wie in einer KristallGlocke
klirren_unsere Worte___
unsere Vokale___wie
von EngelsStimmen
weitergesummt___
und OrgelPedale im
Takt angeschlagen___
die Pfeifen geöffnet_und
doch alles sanft_leise_,eine
kleine Perle___hat mich zu ihr
geführt... und dabei war ich die
ganze Zeit bei ihr...' ich suche Halt
bei Dir_meine Worte_wie Räume
raumgreifende___Klänge
___warm und licht
der wunderbare
Zauber des
Lebens
Liebens
,eines Tages
öffnete ich ein kleines
wunderschönes Holzkästchen:
in einer MuschelSchale___mit Perle
in der Hand___konnte ich sie___mit Musik
tanzen lassen_in der wunderschönen_SpielUhr...
die_schon immer___auf meinem Nachttisch...'
ich zittere_Deine Hand in meine_die im Wasser und die

Wange___,eigentlich versprochen_
es zu hüten___nicht hinein
zu schauen... nahm
ich die Perle
mit___
Tränen_über
seinen Wangen_auf
die Perle_in seiner Hand___
bis sie darin schwamm
___wie sie_hier
behutsam
zurück
in ihre Hand
in der geheimen Muschel
allabendlich_weiter ihren wunderbaren
Geschichten_zur guten Nacht lauschen___
und nur hier und dort___seine Worte_fragend
einwerfen___ihm erzählen_ihm weiter lauschen
bis er eines SpätNachmittags___einen Spiegel
vor mir enthüllte___ein Bild von ihr_damals_
daneben___wie eine Zeitreise_sie ich |
ich sie_Augen_Lippen_Nase_
er hatte mich_als junges
Mädchen_sofort
erkannt'
der Ruf einer Eule
ehe sie___von Ufer zu Ufer
durch die Lüfte schwebt___Athenes
Begleiterin___Hüterin von Schönheit und
Weisheit_ihr Anblick in freier Wildbahn_selten
wir___inmitten des_nächtlichen Treibens des
erwachenden Waldes_einander ganz nah
___BlätterRascheln___Tapsen___Rufe
FlügelSchläge___Knarren_und
Knacken im Unterholz___
lautes Platschen___vergnügt
paddelnd auf uns zu___meine Fährte
frisch_weiß er_wo ich bin_kennt_den Weg
über die Brücke_die Lücke im Zaun___sein
Stock_sachte zu uns treibend___weiter
Wurf an Land_heller SteinTon_ein
WasserGlitzerRegen___in alle
Himmelsrichtungen...
,der Fluss fließt unter uns
durch?'_,mh,_die Strömung
in fünf Metern Tiefe_am stärksten
_hier oben spielt das Wasser_mit den

Elementen drum_herum...
und trägt uns_fast wie
___SalzWasser...'
mich zärtlich___
umspielend_mit Deinem
ganzen Körper_suchst Du
___mit Deinen Lippen meine_
'und was stellst_Du_mit dem
WasserAuftrieb an..?'_ich
beantworte liebevoll___
Deinen Kuss...'ist
direkt unter___dem
kleinen Wasserfall zu sehen...'___
'Wasserfall?!?'_'ja, wunderschön...'
kaum hörbar___meine Hände_
über Deine Brust_Deinen Bauch_
abwärts___Dich streicheln_
berühren___Deine Gedanken
verführen_WortBilder___
zu kreieren_fallend fließendes
Wasser_aufbrausend
schäumend_laut
tosend | leise
verhallend
strömend klar
| wirbelnd opak
wir_über die
Stufen_raus_
unters große Tuch_
uns selbst | gegenseitig
trocknend_zurück
ins leichte Gewand_barfuß
über die Steine_deren Geräusche
unter unseren Füßen wie von Watte getragen
___bis zur schmalsten FlussStelle_als reichen
sich die beiden Ufer_wie in Michelangelos
Erschaffung Adams_die Fingerspitzen
Du rutschst___vor Schreck | vor
Verwunderung leicht von
Deinem StandStein:
vor uns_als hätten wir
das Tor___zum Paradies
wiederentdeckt_erstreckt sich
ein riesiges, weites Tal_eine leichte
Brise trägt den Geruch_das Klirren des
Wassers zu uns___die kalte Schnauze sanft
in Deine Hand___'er bleibt immer hier_bewacht
den Eingang...'_ich schmiege mich seitlich an Dich
___Du hältst mich ganz nah_fest___auf geht's

ein kleiner Weg_
direkt am Wasser
nach unten_warmes
trockenes Erdreich_
'LehmBoden...'_riesige
Felsblöcke am FlussBecken
feinste Wasserperlen_überall
in der Luft_strahlend im MondSchein_
Du greifst intuitiv hinein___möchtest
sie spüren_schließt Deine Augen
einfach hören___horchen
dem NaturSpektakel
lauschen_mich
vor Dir___
vertraut
gegen Deinen
Bauch gelehnt_im Arm
Dein Kinn auf meinem HinterKopf
auf meiner kleinen flachen Stelle am Wirbel
'wer ist er?'_'ein Mönch_aus dem Kloster_oben...'
'stehen wir auf heiligem Boden?'_ich muss lachen
'nein, es ist sein Land_geerbt_unerwartet___
von seinem Onkel...'___'Dein kleines
Reich hier?'_'vor 300 Jahren
eine kleine Kapelle
die jetzt_seine
irdischen
Gefühle behütet.'_'zu denen er
manchmal___einfach übers Wasser
schreitend_...gibt es einen Überweg?!'_
'nein, aber ein Boot___komm'!'
Deine Hand_fest in meine___Dich
zu führen_meinen Schritten_trittsicher
zu folgen___Bäume bis ans Ufer_wo der
Fluss_breit_ruhiger_von scheinbar riesigen
WasserMengen gespeist_sich öffnet___der
Fels auf der anderen UferSeite_massiver_fast
gigantisch_im nächtlichen Licht___Du schaust
erkundest mit Deinen Augen_kaum Sichtbares
,platsch'___ein kleines HolzBoot_zwei Paddel
hinein_'diagonal rüber___zum ganz Dunklen'
mit | gegen | quer zur Strömung_treibend |
bewusst vorwärts_Du hältst inne_,was
klingt_wie tropfendes Wasser___hier
mitten auf selbigem?'_,Wasser_
ein Luftzug_trägt die Klänge
bis zu uns_...'___plötzlich
geschoben | gezogen
fast schwebend

zielsicher_ins Dunkel
wo ich uns_sanft abfange
MetallKlirren_Leuchten_eine
Fackel_Du blinzelst_wir_inmitten
einer nun funkelnden_TropfSteinHöhle
hellste Stalaktiten___wo das Auge hinreicht
vereinzelte Stalagmiten_ich reiche Dir_das Licht
steuere uns___ganz nah_Tropfen_in Deine Hand
von oben___auf uns___kühl_samtig_perlend
alles_schimmert_schillert perlmutartig___
an sicherer Stelle_ein Haken_wir fest
meine Hände_liebevoll_Dir
entgegen___über | unter Dein Shirt
___Haut auf Haut___Du zitterst
ein wenig___die InnenFläche
gerade breit | lang genug
für uns beide_eingeschmiegt
nebeneinander_es schunkelt_wippt
_mit jeder unserer Bewegungen_WasserPlätschern
das Echo_wie ein hallendes Vibrieren
langsam_in der Symphonie
der tropfenden Steine
aufgehend___die
KlavierPedale
gehalten
klarste
klingende
Töne_einzeln |
ineinander übergehend
meine Lippen_gedankenverloren
auf Deinem HandRücken_Dich sanft
küssend_meine Augen_verspielt_zärtlich
das Heben und Senken Deines Brustkorbs
nach oben_HerzPochen_erstaunt_in Deine
die liebevoll auf mir ruhen___seit wann?
ganz nah | tief in Deinen Arm_einen
AugenBlick_nur bei Dir sein
Du streichelst_küsst
mich_schützend
selbst meinen Schutz suchend
wir_vertraut in uns ruhend
die oberen Knöpfe auf
verträumt_über Deine Brust_
meine Lippen auf Deine Haut_vertraut
duftend_humorvoll_'kalte Füße kurz okay?!'

Tropfen um Tropfen
___zwei HöhlenPerlen_Du
stupst sie neugierig_sachte an
'es waren einmal drei, oder___war sie
je hier?'_ich schüttle den Kopf_
lächle vergnügt_'dafür
hat er mich___
irgendwann
mitgenommen...'
plötzlich vibriert der Boden
im Takt_'die MitternachtsGlocke
___der Mönche'___feinste Ringe auf
dem Höhlenwasser_'ab ins Bett...!'___
Deine Hand auf meine Wange___diesen
Moment_*uns jetzt* und *hier*_festhalten_auf
ewig in unseren Herzen...___direkt vorm
KapellenEingang_ein GuteNachtBellen
Schwanzwedeln_er immer draußen
wir_in mein Reich_vergnügt müde
erkennst Du die SchieferPlatten
im Bad___lege ich einen kleinen
TropfStein ab___schlüpfen wir unters
Himmelszelt_schlafen beide im Ankuscheln
einfach ein_unsere Hände_vertraute Stellen ganz
selbstverständlich findend___streife ich allen Stoff ab
hol Dich aus Deinem___Haut auf Haut___wie im Wasser
das uns in Gedanken_in unsere Träume trägt...___der
Geruch_von frischem Kaffee___holt mich aus dem
Schlaf_Augen auf | wieder zu | ein wenig auf
eine Hand_für den Becher_die andere
zu Dir_hellwach_lesend_Notizen
auf einem handgeschöpften
PapierBogen_'sein Boot
auf dieser FlussSeite?
durch die Höhle___zum
Kloster?'_verschlafen lächelndes
KopfSchütteln___'am WasserAuftrieb
waren wir auch noch nicht___er hat mir ein
eigenes Boot gebaut'_Du schaust mich_lange
ruhig an_'nimmst Du mich ganz mit?_in jenen Teil
der Geschichte_jenseits der Bilder_und Worte?'
die Augen immer noch klein_die Welt seltsam
nah und entrückt zugleich___glücklich ‚ja'
...bei Sonnenlicht_durch die nächtliche ZauberWelt
nur viel weiter___bis zum zweiten HolzBoot_ankoppeln

wir_vorsichtig durchs Wasser_auf einen kleinen SteinVorsprung_zwei Stufen nach oben
ein schmaler Weg___ebenmäßig ausgetreten_sandig feucht_fast weich

hinter TropfSteinZapfen
entlang_eine winzige Mulde

bis zu einem Felsvorsprung___in dessen Innerem
sich Stufen verbergen_so weit | hoch das Auge

reicht_die ersten HöhenMeter
steil aufwärts_dann in einer langen
sanften Wölbung___erzählend_einfach
umherschauend___Hand_Fingerspitzen nah
langsam_vor_nach oben___wir zwischen
den Welten___fantastisches Tal
unter uns_näher Rückendes
über uns___an einem
SteinVorsprung
fast wie ein
Stuhl
nimmst Du
mich_ganz nah
‚Du kennst den Weg
genau wie auf der anderen
Seite?’_meine Stirn_auf Deine
NasenSpitze an NasenSpitze_kaum
spürbar_Nicken___mich noch näher_fest
an Dich_ich spüre Deinen HerzSchlag___Deine
FingerRücken_über mein Kinn___mein OhrLäpchen
die hohen WangenKnochen_’wessen AugenFarbe hast
Du?’_schachmatt gesetzt___’seine’_’wer weiß das?’
‚er und ich___und...’_einen AugenBlick_schaue
ich Dich_einfach an_’der KlosterVorsteher
ein anderer Mönch_deswegen darf
ich_geschützt zwischen den
Welten_wandeln___
ob sie...?’_ich
lächel_’Du
jetzt...’
meine Heiterkeit zurück___
blicke ich Dich_liebevoll an___
streichle_über Dein Gesicht_küsse
Deine Stirn_Deinen NasenRücken
‚...ganz so unberührt_ist sie dann___
doch nicht geblieben?!’___
bestätigendes KopfSchütteln
‚eine Nacht...’_Du nickst_Deine
Augen_wandern mit Deinen
Gedanken_hin und her
von Dir zu mir
von ihr zu ihm
von ihm zu mir
von mir zu Dir
von Dir zu ihm
...___
...
bis Du___
die Ereignisse um

uns ab jetzt kaum noch
wahrnehmend___begreifst:
ich___ganz Bärin___liebend
eigensinnig
auf samtweichen
Pfoten unterwegs
die Höhle
gut versteckt
in zauberhafter Natur
nur einen
hin zu entführen…
das BärenFell abzustreifen
samtweiche Haut
WasserTropfen
wie Perlen darauf
im Licht des Einhorns
splitterfasernackt
...
eng aneinander
geschmiegt
eingeschlafen
umeinander |
miteinander gedreht
über | unter der Bettdecke
meine Finger_über Deine Brust
zärtlich die Lippen
hinterher
mein Atem
über Deine Haut
Du streichelst
durch meine Haare
fährst mit Deiner Fingerkuppe
über meine Konturen
ziehst mein Gesicht zu Dir
Deine Daumen
über meine Lippen
___ruhiger klarer Blick
tief in meine Augen___
sanft über meine Brauen
meine Stirn___
mich ganz nah holend
Lippen auf Lippen
Du lässt mich kaum los
Deine Hände
über meinen Rücken
in meine Taille
Dein Herz pocht
ich lege mich sanft
ganz auf Dich

lasse mich
in Deine Umarmung fallen
meine Hand
auf Deine Wange___
hey___beruhig Dich
Du hast geträumt
...ich bin da
wach und verschlafen zugleich
wir fast ineinander verwoben
wieder einschlummernd
doch noch wach
Deine Hände
immer wieder
woanders hin
als wolltest Du
nicht wieder
träumen
ich löse mich gerade
weit genug aus Deinen Armen
Dich in meine zu schließen
meine Lippen an Deinem Ohr
schließ' die Augen
und hör' auf
meinen Herzschlag...
der verrät Dir___
warum ich bei Dir bin___
weil ich Dich liebe...
zum ersten Mal
darf wirklich ich Dich halten
Dich liebevoll einkuscheln
warten bis Du wieder
in ruhigen Schlaf
gefunden hast
Deine Arme
um mich geschlungen
Dein sanfter_ruhiger Atem
tragen auch mich zurück
ins Reich der Träume
aus denen Du mich
irgendwann
sanft weckst
bedacht
mich kaum zu wirklich
wach zu machen
gerade eben Dich |
uns wahrzunehmen
Deine Hände
fast noch in der Luft
wie ein WindHauch

über meine Haut
sich zu fließendem
Wasser wandeln
über meinen Hals
meine Brust
weiter abwärts
strömend
Deine FingerKuppen
wie Perlen_im Wasser
klirrend zärtlich
kleine feste Berührungen
kurzer Moment
im BauchNabel
im Takt meines Atems
nach unten rollend
seitlich in meine Leiste
Lippen umspielend
streichelnd_sanft öffnend
mein HandRücken
verspielte Finger
woimmer
sie gerade sind
auf Dir
kleine Mulden
gespannte Haut
zärtliche Falten
berühren_ertasten
Dir antworten
als seien unsere Finger
direkt ineinander gehakt
meine Augen
noch immer geschlossen
und doch spüre ich
Deine auf mir
Deine Hände begleitend
leitend
ganz nah_spüren
langsam Dein Gewicht auf mich
wie das Wasser
ruhend und doch voller Energie
Spannung
Lippen auf Lippen
im Pulsieren
unserer Haut
lässt Du Dich
behutsam fallen___
als schwebten wir auf Wasser
nur leichte_ebenmäßige
federleicht schwingende Wellen

ungeahnte Intensität
Spüren_Du mich | ich Dich
jeder Atemzug_weit_offen
Deine Finger über meine Augen
Dich anschauen
mitten zwischen den Welten
ganz bei Dir
Nicken_Kopfschütteln_Nicken
nicht Sprechen | doch Sprechen
kristallklar_kaum hörbar
ich liebe Dich
mehr mit den Lippen geformt
denn ertönend
und ich Dich...
unsere Körper
einander einschmiegend
liebevoll haltend
Deine Augen
kristallen klar
plötzlich benetzt...
Du siehst___das Bild_Dein Bild